교사를 위로하는
한 권의 그림책

지친 일상에서 그림책으로
내 마음 읽기

교사를 위로하는 한 권의 그림책

그림책사랑교사모임

학교도서관저널

작가의 말

그림책으로
내 마음 비추기

　선생님, 교사 생활 안녕하신가요? 교직 경력이 쌓일수록 더 편해질 줄 알았는데 어찌 된 게 해가 지날수록 더 힘듭니다. 우선은 아이들과 소통이 어렵습니다. 아이들과 대화를 하다 보면 때로는 벽에다 말을 하는 것 같기도 하고, 감정 조절을 하지 못하고 통제 불능의 아이를 자주 만나기도 합니다. 게다가 교사의 말을 듣지도 않고 자유를 넘어 제멋대로 행동하는 아이들도 많습니다. 학생과의 관계를 개선하기 위해 노력해도 상황이 나아지기보다 더 나빠지기도 합니다.

　학부모들을 대하기도 어렵습니다. 자기 아이가 최고라 여기며 예의 없는 말과 행동을 서슴없이 합니다. 교사의 정당한 교육에도 트집을 잡을 때도 있습니다. 작은 실수나 잘못이 있으면 민원을 제기하거나 담임교사를 거치지 않고 바로 교장실로 향합니다.

　사회의 시선도 그리 곱지만은 않습니다. 많은 사람이 교사를 아주 편하고 쉬운 직업으로 생각합니다. 여름, 겨울로 방학이 있고,

정년이 보장되고, 게다가 하는 일도 별로 없다고 생각합니다.

이런 상황에서 교사가 의지할 대상은 동료 교사입니다. 그런데 학교에서 교사들끼리도 연대와 협력이 잘 이뤄지지 않을 때가 많습니다. 사회는 교사의 경쟁을 부추기고 있습니다. 각종 가산점 점수를 부여하면서, 관리자로 승진하기 위해 교사들끼리 경쟁합니다. 그로 인해 교사들은 동료 교사를 협력의 대상이 아닌 경쟁의 대상으로 여기게 됩니다.

학교에서는 너무 많은 일이 있습니다. 수업과 학생관리, 급식지도, 평가, 청소지도 등은 기본이고, 맡은 업무는 한두 개가 아닙니다. 힘든 하루를 보내고 퇴근을 하고 나면, 집에서는 아무것도 할 수 없을 만큼 지쳐 버립니다. 소화가 잘 안 되거나 두통, 몸이 쑤시고 피부가 가렵기도 합니다. 증상이 심해지면, 학교를 그만두어야 하나 생각하기도 합니다. 이렇게 교사는 학생, 학부모, 동료 교사와의 관계에서 많은 상처를 받습니다. 하지만 교사를 다시 학교로 향하게 하는 힘도 학생, 학부모, 동료 교사입니다. 이들로 인해 교사 생활의 보람을 찾고 에너지가 생기기도 합니다.

살아가면서 자신의 뜻과 상관없이 문제가 생기는 경우도 있습니다. 하지만 그 문제를 어떤 마음으로 바라보느냐에 따라 커지기도, 작아지기도 합니다. 대개 문제가 생겼을 때 환경 탓, 성격 탓, 남 탓으로 돌리기 쉽습니다. 누구에게 탓을 돌리는 순간, 자신의 마음조차도 알 수 없게 되어 버립니다. 그리고 상처들은 점점 곪고, 곪아 나중에 걷잡을 수 없게 커다란 상처가 됩니다. 이렇게 상처가 생겼을 때는 무엇보다 자신의 마음을 있는 그대로 보아야 합니다. 누구도 나를 대신에서 나의 마음을 돌봐 주지 않기 때문입니다.

마음 읽기에 큰 도움을 주는 도구 중에 하나가 바로 그림책입니다. 그림책을 읽으면서, 동시에 마음을 읽을 수 있습니다. 그림책은 여러분을 '있는 그대로의 마음 읽기'의 세계로 초대할 것입니다.

그림책은 남녀노소 모든 이의 마음에 다가갑니다. 기쁨, 슬픔, 아픔, 걱정 그리고 잘난 모습과 못난 모습 모두 담고 있기 때문입니다. 그래서 그림책은 언제 어디에서 읽어도 마음에 쉽게 다가옵니다. 때로는 한 단어 또는 한 문장이 마음을 울립니다. 다음 장을 넘기는 것도 잊어버린 채 한참을 바라보게 합니다. 모든 것을 빨리빨리 해치워 버리는 것이 익숙한 우리에게 잠시 멈출 기회를 만들어 줍니다.

어릴 때 읽었던 그림책을 어른이 되어서 읽어 본 적이 있으신가요? 그림책을 통해 어릴 때나 지금이나 같은 나를 보게 됩니다. 그리고 동시에 그때와 다른 나도 보게 됩니다. 어린 시절의 감동을 더욱 진하게 느끼기도 하며, 그때와 전혀 다른 감동을 느끼기도 합니다.

얼굴을 보려면, 거울을 보아야 합니다. 그런데 마음은 쉽게 보이지 않습니다. 그래서 마음의 거울이 필요합니다. 우리가 나누는 그림책과 우리의 이야기가 여러분의 마음을 비추는 '마음의 거울'이 되어 드릴 것입니다.

 이 책은 평범한 교사들이 쓴 것입니다. 학교에서 문제를 만나 긴 시간 동안 헤맨 적도 많고, 앞으로도 학교 현장에 있는 동안 수많은 문제를 더 만나야 할지도 모릅니다. 그렇다고 그런 문제를 해결할 수 있다고 말하는 자기계발서는 아닙니다. 교사들이 겪은 일과 그때의 마음을 '있는 그대로' 알아가며 자신의 마음을 비추는 거울로 삼길 바랍니다.

 선생님들이 학교에서 주로 겪을 만한 이야기를 고르고 또 골랐습니다. 그리고 남의 이야기가 아닌 진솔한 경험을 담았습니다. 아픈 기억들을 다시 살펴보면서, 한편에 묻어 두었던 아픔이 다시 살아나기도 했습니다. 자신의 상처, 찌질함까지 마주해야 했습니다. 그러나 한데 입을 모아 이야기를 나누고 글을 쓰면서 자연스럽게 치유가 되었습니다.

 『교사를 위로하는 한 권의 그림책』을 통해 마음앓이를 하고 있는 선생님들과 함께하고 싶습니다. 옆의 선생님은 아무렇지 않을 것 같은 문제를 '나만 힘들어 하고 있나?' 자책하는 선생님들과 말입니다. 그리고 힘들어 하는 선생님들을 위로하고 마음을 나누길 원합니다.

그림책을 사랑하는 마음을 담아
그림책사랑교사모임

차례

| 작가의 말 |
그림책으로 내 마음 비추기 …… 004

1장 | 교사도 때로는 학생들이 어렵습니다
― 학생들과의 관계

아이들과 만나는 게 두려워요 …… 015
『블랙 독』

교사의 잣대로 아이를 본다는 것 …… 023
『선 따라 걷는 아이』

학생을 미워하지 않을 수 있을까요? …… 031
『에드와르도』

편견을 가지고 보고 있지 않나요? …… 038
『도망쳐, 늑대다!』

가깝지도 멀지도 않은 학생들과의 거리 …… 046
『적당한 거리』

성적만으로 아이를 평가하지 않기 …… 054
『까마귀 소년』

자존감이 낮은 학생에게 다가가기 …… 061
『나는 다른 동물이면 좋겠다』

학생이 분노를 쏟아낼 때 대처하기 …… 069
『짖어 봐 조지야』

부모의 과도한 기대에 주눅이 든 아이 …… 077
『진정한 챔피언』

따돌림으로 상처받은 학생에게 건네는 위로   084
『가만히 들어주었어』

자기주장이 강한 학생을 어떻게 해야 하나요?   092
『눈을 감아 보렴!』

학생들의 평가에 자존감이 떨어져요   100
『난 그냥 나야』

공부가 의미 없다는 아이들을 가르치려면   108
『'문제'로 무엇을 할 수 있을까?』

학생들에게 서운한 마음을 가지지 않기   115
『나는 지하철입니다』

아이들과 이별할 때 들려주고 싶어요   122
『길 떠나는 너에게』

| 2장 | 힘이 되기도 힘이 들기도 합니다
— 동료 교사, 학부모와의 관계

교사로서 내가 기억해야 할 약속   131
『눈 내리는 저녁 숲가에 멈춰 서서』

힘들 때는 용기 있게 거절하기   137
『곰씨의 의자』

신규 교사가 의견을 말해도 될까요?   145
『티치』

불편한 동료 교사 이해하기   153
『두 사람』

학교에서 외톨이라고 느낄 때가 있어요   159
『나는 개다』

적극적으로 하는 것도 눈치가 보여요   167
『고래가 보고 싶거든』

학부모와의 첫 만남이 두려워요   175
『완벽한 아이 팔아요』

교사와 학부모의 시각 차이 좁히기   182
『늑대가 들려주는 아기 돼지 삼형제 이야기』

부당한 민원은 어떻게 해야 할까요?   189
『One 일』

| 3장 | 교사도 배우는 중입니다
— 교사 자신의 문제

내가 교사가 된 이유는 뭘까요?   199
『커다란 질문』

힘든 업무로 개인의 삶이 없어요   206
『잃어버린 영혼』

새로운 삶의 균형을 찾아가는 중   213
『우리는 당신에 대해 조금 알고 있습니다』

교사는 사명감을 가져야 하나요?   220
『떡국의 마음』

선생님도 새 학교가 두려워요   228
『학교 가기 싫은 선생님』

모든 일을 잘하려는 욕심에서 벗어나기 236
『엄마는 해녀입니다』

동료 교사와 비교하니 자존감이 떨어져요 243
『슈퍼 거북』

아플 때 눈치 안 보고 쉬고 싶어요 251
『아모스 할아버지가 아픈 날』

업무 능력이 부족하다고 느낄 때 258
『이까짓 거!』

학교와 가정에서 균형잡기 264
『엄마, 잠깐만!』

정년까지 잘 가르칠 수 있을까요? 272
『하지만 하지만 할머니』

온라인 수업 방식에 적응하기 279
『아무도 가지 않은 길』

| 부록 |
그림책사랑교사모임이 추천하는 나를 위로한 한 권의 그림책 287

| 1장 |

교사도 때로는
학생들이 어렵습니다

· 학생들과의 관계 ·

아이들과 만나는 게 두려워요

『블랙 독』, 레비 핀폴드 지음, 북스토리아이

교사들이 처음 학생들을 만날 때 설렘보다는 두려움이 앞선다. 집단으로 힘을 행사하려 하는 아이들 앞에서 약해 보이면 안 된다는 강박감이 있기 때문이다. 만만해 보이지 않으려고 좀처럼 웃지 않고 짙은 색 계열의 정장만 입고 다니기도 한다. 스스로 벽을 쌓고 두려움을 감추려고 하는 것이다. 그때 검둥개를 통해 두려움의 실체를 보고 당당히 직면하라고 알려 주는 『블랙 독』을 읽고 학생들에 대한 두려움의 실체를 바로 보게 되었다.

교사를 꿈꾼 적이 없어 사범대학을 가지 않았지만 나는 결국 교사가 되었다. 키도, 몸집도, 목소리도 작아서 여러 사람들 앞에서 내 생각을 말해 본 경험도 거의 없었다. 인간관계에서도 다른 사람에게 먼저 다가서는 성격이 못 되었다. 소극적이다 못해 오히려 극도로 내성적인 편이었다. 내 성격을 잘 알았기에 교사라는 직업에 대해서는 애당초 꿈도 꾸지 않았다. 그런 내가 교사가 되었다. 그것도 교실 붕괴가 심각한 사회 문제로 떠오른 1990년대 말, 또래들보다 10년이나 늦게 교사가 된 것이다.

특성화고로 첫 발령을 받고 학생이 아닌 교사의 신분으로 교실에 들어선 날, 얼마나 두렵고 떨렸는지! 그런데 그 학교는 수업을 들으려고 학교에 온 아이들이 아니라 또래들과 놀기 위해 또는 졸업장 받으려고 그냥 학교에 다니는 아이들이 대부분이었다. 교실에서 만난 아이들의 눈빛은 '저 선생은 또 어떤 사람이지?', '과연 우리를 당해낼 수 있겠어?'라고 말하는 것 같았다. 30여 명에게 둘러싸여 집단 테스트를 당하는 듯한 시선들을 온전히 견뎌야 했다. 선배 교사들은 늦깎이 교사가 된 내가 안쓰러워 보였던지 아이들에 대한 여러 가지 사전 정보와 주의사항을 알려 주었다.

"우리 학교에서 초임 여교사들은 거친 학생들의 맹랑한 질문을 받거나 학생답지 않은 불순한 태도를 접하면 너무 놀라서 십중팔구 울고 나와! 그러니 아이들에게 만만하게 보이면 안 돼! 처음부터 기선을 잘 잡아야 해. 수업 중 교과진도 나가는 것 외에 쓸데없는 농담 받아 주지 말고, 아이들 질문에도 일일이 대꾸하지 말고."

그렇지 않아도 두려움이 컸던 나는 선배들의 말을 들으며 마음이 더 쪼그라들었다. 있는 힘껏 아랫배에 힘을 주고 원래 내 목소리의 2배 이상 목청을 높여 수업을 하고 끝나면 다리가 후들거릴 정도였다. 옷에도 신경을 많이 썼다. 교사의 교복이라 할 수 있는 검정이나 회색 계열의 정장만 입었고 헤어스타일도 늘 단정한 짧은 커트 머리를 유지했다. 수업 중 우스갯소리를 하는 아이가 있어도 꾹 참고 절대로 웃지 않았다. 근엄해 보이기 위해서였다. 아이들 한 명 한 명과 눈을 마주치며 수업할 수 있는 마음의 여유가 없었다. 교실에서 만나는 아이들을 한 인격체로 보지 않고 나를 집어삼킬 수 있는 거대한 무리, 집단으로 바라보았던 것이다.

『블랙 독』은 숲속에 우뚝 서 있는 성과 같은 집으로 검은 개 한 마리가 찾아오며 이야기가 시작된다. 검은 개를 제일 먼저 발견한 호프 씨는 토스트 접시를 떨어뜨리며 호랑이만 한 검둥개가 나타났다고 소리치며 경찰에 신고하고, 다음으로 호프 아주머니는 코끼리만 한 검둥개라고 소리치며 남편을 부른다. 애들라인은 티라노사우

『블랙 독』

레비 핀폴드 지음, 북스토리아이

막내 꼬맹이는 씩씩하게 말합니다.
"무서워할 거 하나도 없어!"

루스만 하다고 엄마 아빠를 부르고, 곧이어 모리스는 빅 제피만 한 검둥개라고 온 가족을 부른다. 그런데 이 집의 꼬맹이라 불리는 막내는 무언가 수상한 일이 벌어지고 있음을 깨닫고 "에이, 겁쟁이들"이라며 현관문을 벌컥 열고 나가 버린다.

나는 아이들을 덩치가 큰 블랙 독으로만 보고 있었던 건 아닐까? 아이들을 가르침의 대상으로만 보며 마음의 문을 닫고 있어서 인격체로 만나지 못한 것이다. 그것이 당시 내가 가졌던 마음의 문이었다. 쪼그라든 마음은 실체를 제대로 보지 않고 상상만으로 두려워했다. 호랑이만 한 검둥개가 코끼리만 해졌고, 티라노사우루스, 빅 제피만큼 커졌다. 내 마음 속에서 실체가 없는 두려움만 점점 더 키운 것이다.

업무와 해야 할 일이 바쁘다는 핑계로 아이들 한 명 한 명과 개별적으로 만나고 함께 대화하며 시간을 나누지 못했다. 당시에는 최선을 다했다고 생각했지만, 돌이켜 보면 그건 최선이 아니었다. 교사라는 자존심을 지키기 위해, 자신만을 방어하기 위해 마음의 문을 꼭꼭 걸어 잠그고 동료들에게, 선배들에게 의존하며 이불 밑으로 숨었다. 용감하게 문을 박차고 나가지 않았던 것이다.

시간이 갈수록 아이들과의 관계는 어그러졌다. 수업 시간에는 모두 제자리에 잘 앉아 있고 잘 듣는 것 같아 보이지만, 듣고 있지 않다는 것을 알 수 있었다. 마음으로 나를 밀어내고 있다는 것이 느껴졌다. 나는 점점 혼자 둥둥 떠다니는 외로운 섬이 되어 갔다.

'어? 이게 아닌데……. 내가 무엇을 지키려고 아이들 앞에서 가면을 쓰고 있지? 내 속마음을 감추고 왜 내 본 마음을 표현하지 못하지? 뭘 두려워하는 걸까?'

『블랙 독』의 꼬맹이는 검둥개에게 "너 덩치가 진짜 크구나!"라고 먼저 말을 건넨다. 꼬맹이는 달려가며 검둥개에게 "따라올 테면 따라와 봐. 따라오고 싶으면 덩치를 줄여라"라고 노래를 지어 부른다.

검둥개는 꼬맹이를 따라 연못을 향해 달리고 작은 다리 밑을 지나 얼음을 달리고 놀이터에서 미끄럼틀을 타고 집 앞에 다다른다. 꼬맹이를 따라가며 함께 시간을 보내는 동안 검둥개의 덩치는 점점 작아진다. 마침내 몸집이 정말 작은 꼬맹이가 통과하는 문을 검둥개도 통과한다. 호프 씨 가족들이 실제로 검둥개를 보았을 때, 두려움에 떨 만큼 어마어마하게 크지도, 무시무시하지도 않다는 걸 깨닫게 된다. 꼬맹이만도 못한 자신들의 어리석음도 알고 검둥개와 당당히 마주한 용기 있는 막내 꼬맹이를 칭찬한다.

검둥개와 마주하고 나를 따라오게 하려면 내가 변해야 했다. 내가 먼저 마음을 열어야 풀리는 과제였다. 그때부터 청소년 문화와 언어, 행동, 그들의 생각과 고민을 이해하기 위해 여러 종류의 책을 닥치는 대로 읽었다. 내가 담임을 맡은 반 아이들이 모둠별로 청소를 하는 날이면 분식집에 데려가서 떡볶이와 튀김을 사 주면서 학교생활에 대해 물어보고 대화하는 시간을 가졌다. 일종의 집단 상담을 한 것이었다. 수업에서도 지식을 많이 가르치기보다 아이들이 자기 생각을 표현할 수 있는 시간을 주고 그들이 하는 말에 귀를 기울이고 그들의 이야기를 들었다. 차츰 내 마음속 빗장도 조금씩 열렸다. 검둥개도 점점 덩치가 작아졌다.

'나도 아픔과 상처가 있고 허점도 많다는 걸 인정하자. 아이들에게 감추지 말자!'

이렇게 결심하고 있는 그대로의 내 모습을 보여 주었다. 아이들을 진솔하게 대하려고 노력했다. 그렇게도 두려워하던 아이들과의 만남, 수업이 차츰 편안해졌다. 나의 청소년 시절 이야기, 가족 이야기, 아직도 진행 중인 고민과 힘들게 버텨온 이야기를 해 주며 누구나 다 약점이 있고 선생님 또한 그런 사람이라고 고백했다. 의외로 아이들은 나의 인생 스토리를 귀담아 들어주었다. 가끔 실수하거나 웃지 못할 해프닝도 들려주면, 아이들은 선생님도 '은근 허당'이라며 좋아한다. 내가 마음의 여유를 가지고 아이들을 대할 때 좋은 관계가 형성되고 그들의 배움의 욕구, 동기도 커질 수 있음을 실제로 체험하게 되었다.

이제는 검고 칙칙한 색감의 옷보다는 가급적 밝고 환한 옷을 입는다. 학교생활에서 웃을 일보다는 고단한 일이 더 많지만, 조그만

일에도 웃으려고 애를 쓴다. 그러니 간혹 교무실로 찾아와 자신의 고민을 살짝 털어놓는 아이들도 있다.

두려움의 실체를 모를 때는 여러 가지 상상을 하게 된다. 『블랙 독』으로 초임 시절의 나를 돌아보게 되었다. 내 마음 속에서 만든 그 두려움은 아이들을 인격적으로 만나고 관계를 맺기도 전에 실체가 없이 키운 과도한 상상이었고, 내가 만난 아이들은 두려워할 존재들이 아니었다. 실체가 없는 두려움을 만든 것도 나였지만, 그 두려움의 크기를 줄이고 두려움을 극복하는 것도 나였다.

나와 마주하는 질문

- 학생들에게 두려움을 느낀 적이 있나요?
- 블랙 독(두려움)의 '실체'는 무엇이었나요?
- 앞으로 또 다른 블랙 독을 만난다면 어떻게 하실 건가요?

교사의 잣대로 아이를 본다는 것

『선 따라 걷는 아이』, 크리스틴 베젤 글, 알랭 코르크스 그림, 꿈교출판사

교사들은 대부분 학창 시절 모범생이었을 확률이 높다. 그러다 보니 일탈 행동을 하는 학생들을 이해하기란 쉽지 않다. 나 또한 일탈 행동을 하는 아이들의 정신세계가 전혀 이해되지 않았다. 물론 아이를 내버려 두는 부모님들도 이해되지 않았다. 나는 늘 자신이 생각하는 원칙에 충실한 삶을 살아왔기 때문에 『선 따라 걷는 아이』를 읽고, 나도 선을 벗어나면 안 된다는 강박으로 학생들을 만나지는 않았는지 돌아보게 되었다.

난 길을 걸을 때 선을 따라 걷는 묘한 버릇이 있다. 어떤 목적이나 이유가 있어서 그런 건 아니다. 그냥 습관이다. 어느 때는 보도블록 안쪽을 디디며 걷는다. 한 걸음에 세 칸, 보폭이 너무 좁을 때는 한 걸음에 네 칸 안에 발을 디디려 애쓴다. 이런 작은 습관은 나의 다른 삶에도 영향을 끼쳤을지 모를 일이다.

『선 따라 걷는 아이』 속에는 거리에 길게 난 선을 따라 걷는 놀이를 하는 아이가 등장한다. '선 밖으로 벗어나면 절대로 안 돼. 그러다간 깊은 구멍으로 떨어지고 말 테니까.'라며 선을 벗어나면 큰일이라도 날 것처럼 끊임없이 선만 따라 걸어간다. 균형을 잃을 듯하면 한두 번 해 본 일이 아닌 듯 폴짝 뛰어 바로 균형을 잡는다. 때론 달리고, 뛰어넘고, 올라갔다가 내려갔다가 길고 긴 선을 따라 걸어간다. 웃음 짓는 얼굴처럼 둥글고 부드러운 선, 찡그린 표정처럼 뾰족뾰족한 날카로운 선 등 우리가 걸어갈 삶의 여정만큼이나 다양한 선들을 끝도 없이 따라 걷는다. 그러다가 잠이 든 아이는 꿈속에서도 선을 따라 걷다가 구멍 괴물이 산다는 구멍 속으로 떨어진다. 하지만 "뭐야, 구멍 괴물 따위는 없잖아!"라며 선을 따라 걷는 놀이가 끝났음을 아쉬워한다. 그러고는 바로 선을 밟지 않는 놀이도 "얼마나 재밌다고!"라며 다음 놀이를 즐긴다. 이젠 혼자 선을 따라 걷는 놀이가 아니라 함께 하는 놀이이다.

 학창 시절 나도 내가 정한 나만의 원칙이 분명히 있었다. 스스로 이건 이래야 하고 저건 저래야 하는. 그 원칙을 벗어났을 때 마음 편하지 않았고 그래서 그 선을 지키려고 부단히 애쓰며 살았다. 누가 그걸 강요하거나 시키지 않아도 그냥 그렇게 했다. 그걸 벗어나면 편치 않았지만, 누군가로부터 하향 평가받는 것이 더더욱 싫었다. 그림책 속 아이처럼 선을 벗어나면 구멍 속으로 떨어져 삶의 나락으로라도 떨어지는 것처럼 말이다. 나의 삶도 그랬지만 다른 사람의 삶을 평가할 때도 내가 생각한 그 선을 따라 걷지 않는 사람들을 평가 절하했다. 그런 내 모습을 보면서 친구들은 '너는 1번이다.'라고 했다. 절대로 예상 밖의 행동을 하지 않는 정해진 선만 따라가는 사람이라는 뜻이었다. 그게 옳다고 믿고 실었다. 그래서 부모님에게도 스스로 알아서 잘하는 아이, 학교에서도 모범적인 아이로 불렸다. 평가는 더욱 나답게 만드는 일에 열중하게 했고, 나를 옥죄었다. 그러한 삶의 패턴이 준 결과는 성공적이었다. 공부 좀 한다는 애들이 들어간다는 국립대의 사범대 문을 가볍게 통과했다. 그러다 보니 '거 봐! 내가 맞았어!'라는 생각이 더욱 공고해졌다.

 선 따라 걷는 아이 같은 습성은 선생님이라는 위치에서도 크게 달라지지 않았다. 선 밖의 세상을 경험해 보지 못한 엘리트 학생으

『선 따라 걷는 아이』

크리스틴 베젤 글, 알랭 코르크스 그림, 꿈교출판사

선 밖으로 벗어나면 안 돼.
그러다간 깊은 구멍으로 떨어지고 말 테니까.

뭐야, 구멍 괴물 따윈 없잖아?

로 걸어온 삶은 곧 내 방식이 정답이라는 확신을 갖게 했다. 자의든 타의든 나와 닮은꼴로 선을 벗어나지 않는 학생들이 먼저 눈에 들어왔고 그 학생들이 몹시 사랑스러웠다. 한없이 부드러운 눈길로 바라보고 다정한 말투로 말을 건넸다. 문제는 그렇지 않은 아이들이었다. 아무리 이해하려 해도 이해가 되지 않았다. 자기만의 원칙에 사로잡혀 있었기에 선 밖을 벗어난 아이들을 이해할 리 없었다. 선을 벗어나면 위험하다고 목에 핏대를 세웠다. 그러면서 아이들에게 내가 걸어온 학창 시절의 잣대로, 그 원칙과 기준으로 아이들을 몰아세웠다. 때론 아이들 뒤에 있는 학부모님들까지 몰아세웠다. 심지어 자녀의 일탈 행동을 보면서 어떻게 밥숟가락이 떠지고, 어떻게 밤에 잠이 오냐며 뒤에서 험담했다.

학부모가 학교라도 방문하면 아이가 걸어가야 할 선을 벗어났다며, 깨알같이 적어 놓은 교무 수첩을 꺼내 들고 불성실한 학교생활을 일렀다. 그러니 그런 학생, 학부모와 사이가 좋을 리가 없었다. 학부모가 학교를 방문하고 돌아가면 여지없이 그다음 날 학생은 원망의 눈빛으로 나를 바라보았고, 관계는 더 나빠졌다. 학부모도 다음부터는 학교를 방문하려 하지 않았다. 나름 노력이라고 한 것이 문제를 더 악화시켰고 관계는 더 어긋났다.

그런데 내 주변의 선생님들은 불편하지 않은 듯 아이들과도 너무나도 잘 지냈다.

'내가 틀렸나? 아이들의 일탈 행동이 이렇게도 눈에 잘 보이는데 어떻게 저걸 참아내며 간과하지?'

나 혼자 지도가 되지 않는 아이들을 붙잡고 애쓰고 있는 듯했고 다른 사람들은 학생지도를 모두 내려놓고 직무유기를 하는 거 아닌가 하는 의심을 했다. 이런 상황이 나를 화나게 했다. 아이들에게도 화가 났지만, 나의 지도 원칙과 같은 선에서 지도해 주지 않는 동료 교사들에게 더 화가 났다. 나는 혼란스러웠지만 아이들 지도에 원칙을 내세우다 생기는 불협화음은 사명감이 투철한 교사가 감내해야 하는 문제라고 자신을 설득했다. 쓴소리는 듣기 싫은 법이라며 원칙을 고수하며 오로지 선을 따라 달렸다. 지도하지 않고 좋게 좋게 넘어가며 방관하는 교사들과 나는 다르다며 아이들과 자꾸 부딪칠 때마다 그것은 내 탓이 아니라고 결론을 내리곤 했다.

그런데 너무 힘들었다. 아이들도 나도 행복하지 않았다. 고집하는 원칙을 버려야 하나? 다른 선생님들을 다 버린 걸까? 버리면 편안해질까? 나만 참다운 교사로 아이들을 위해 끝까지 포기하지 못하는 걸까? 그럼 다른 교사들은 못 본 척 지도를 포기한 것일까? 나도 못 본 척할까? 왜 나만 아이들과 타협을 못 하는 걸까? 반복되는 고민에서 헤어나지 못했다.

역시 내가 찾은 해결책은 공부가 필요하다는 결론이었다. 아이들을 이해하려면 상담을 공부해야지 싶어 바로 대학의 상담전문가 과정을 등록했다.

'아하! 이렇게 아이들을 이해하고 접근하는 거구나.'

밤낮없이 익히고 배웠다. 그런데 배운 대로 아이들을 만나서 적용하는데 잘 해결되지 않았다. 내가 던진 말이 아이들의 가슴에 다가가지 않고 나와 아이들 사이를 둥둥 떠다니는 느낌이었다. 공부 잘하는 아이들이 내뱉는 말처럼 '공부가 제일 쉬웠어요.'였다. 그냥 상담을 지식으로 배웠을 뿐이었고, 짧게 배우고 익힌 지식을 매뉴얼대로 적용했던 것이다. 완전 실패였다.

선을 따라 걷는 사람들에게는 선 밖의 세상이 보이지 않는다. 선 밖의 세상으로 발을 내디디면 깊고 깊은 어둠의 구렁으로 삶을 송두리째 던져 버리는 꼴이 되고 만다는 강박 때문에 절대로 선 밖의 세상으로 나아가지 못한다. 하지만 『선 따라 걷는 아이』 마지막 장면은 주인공이 선 밖을 벗어나 구멍으로 떨어져 내린 다음 구멍 괴물 따위는 없으며 선을 밟지 않는 놀이도 재미있다며 끝난다. 선 밖을 벗어난다고 인생이 끝나는 건 아니라고 오히려 또 다른 새로운 인생이 시작되는 거라고 알려 주는 듯하다. 선 밖에도 또 다른 멋진 삶이 얼마든지 있다는 것을.

생각해 보면 나의 문제는 진정성이 없어서였던 것 같다. 아이들의 삶과 태도를 이해하는 척했던 것이다. 하지만 노력만큼은 헛되지 않았다. 그것이 시작이었으니까. 아이들에게 내가 선을 벗어난 모습을 보이지 않으려, 실수를 들키지 않으려 애쓰고 나도 그 선에 묶어두려 했었다. 그렇게 하나의 길만을 고집했으니 둘 다 너무나도 힘들었다. 이제 원칙을 고수하는 강박을 내려놓으니 아이들을 바라보며 지도하는 마음도 훨씬 관용적이다. 이해하면 용서하지 못할 것이 없다.

나와 마주하는 질문

- 정해진 선을 따라가야 한다는 강박을 가진 아이를 만난 적이 있나요?
- 선 밖으로 나가는 걸 두려워하는 아이를 만난다면 어떤 도움을 주고 싶나요?
- 교사가 정한 잣대로 아이를 보려고 한 적이 있나요?
- 자신 또는 주변 사람들을 힘들게 하는 강박이 있나요?

학생을 미워하지 않을 수 있을까요?

『에드와르도』, 존 버닝햄 지음, 비룡소

'이 아이만 없었으면 올 한 해 편했을 텐데.' 담임을 맡을 때마다 꼭 이런 생각을 갖게 하는 학생이 한 명씩은 있다. 속으로는 '미워하지 말아야지.' 하지만 그게 마음처럼 쉽지 않다. 미운 짓을 하는 아이를 미워하는 것이 어쩌면 당연한 일이 아닐까 하는 생각도 한다. 나의 이런 마음속 갈등을 정리해 준 책이 바로 『에드와르도』이다. 이 책을 통해 내가 예의주시해야 할 것은 학생의 미운 행동이 아니라 미운 생각을 하는 내 마음이라는 것을 깨달았다.

학교를 옮기고 2학년 담임을 맡게 된 때였다. 그 전 해 가르치면서 선생님들에게 공격적인 태도를 보인 불손한 학생 한 명이 계속 거슬렸다. 그 반 수업만 들어갔다 오면 늘 기분이 좋지 않았다. 한번은 수업을 시작했는데도 아이스크림을 계속 먹고 있어서 버리고 오라고 했더니, 먹던 아이스크림을 복도 방충망에 휙 던져서 개인 상담을 한 적도 있었다. 2학년 담임을 맡으면서 그 학생의 담임만 아니면 된다고 말했었는데, 그 아이가 또 우리 반에 배정되어 있었다.

겉으로 티를 낼 수는 없었지만 첫 만남부터 신경이 쓰였다. 아니나 다를까 그 학생은 1학기 내내 나의 신경을 긁었다. 학급 운영을 하며 가장 싫어하는 것이 개인행동으로 공동체에게 피해를 주는 것인데, 1인 1구역을 담당하게 한 청소 시간마다 학생은 자취를 감췄다. 어디 갔었냐고 물어보면 "청소했는데요?"라는 답변만 돌아왔다. 이 학생의 행동은 점점 다른 학생들에게도 영향을 미쳐 청소 시간에 사라지는 애들이 하나둘 늘어나기 시작했다.

그 후로 더욱 미운 행동만 보였고, 그로 인해 학교생활마저 우울해지던 그때 『에드와르도』라는 그림책을 읽게 되었다. '세상에서 가장 못 된 아이'라는 부제가 붙은 책이었다.

에드와르도는 흔히 볼 수 있는 보통 꼬마다. 가끔 물건을 발로 차고, 다른 아이들처럼 시끄럽게 떠들고, 때때로 아이들을 못살게 굴기도 한다. 하지만 에드와르도가 이런 행동을 할 때마다 어른들은 에드와르도에게 '세상에서 가장 버릇없는 아이'라고, '세상에서 가장 시끄러운 아이'라고, '세상에서 가장 심술궂은 아이'라고 핀잔을 준다. 이런 말을 들은 에드와르도는 점점 더 버릇없게, 심술궂게 행동을 한다. 사람들은 모두 에드와르도를 '세상에서 제일가는 말썽쟁이'라고 입을 모아 말한다. 그러던 어느 날 에드와르도는 자신의 실수에 처음으로 긍정적인 얘기를 해 주는 아저씨를 만나게 된다. 그날 이후로 에드와르도는 변하기 시작했고, 사람들은 그런 에드와르도를 칭찬하기 시작한다. 이제는 모두 에드와르도를 '세상에서 가장 사랑스러운 아이'라고 부른다.

에드와르도는 자신의 행동에 부정적인 말들을 들을 때는 점점 더 어긋나는 행동만 하다가 칭찬을 듣고서는 세상에서 가장 착한 아이가 된다. 어른들의 말 한마디에 따라 나쁜 아이가 되기도, 착한 아이가 되기도 한다. 이 책을 읽고 자신을 돌아보게 되었다. 혹 내가 무심히 내뱉은 말들로 인해 누군가가 마음에 상처받고 점점 미운 짓을 하게 되는 것은 아닌지.

학교생활에 불성실하고 예의가 없는 학생들을 고운 눈으로 바라보기란 쉬운 일이 아니다. 교사들은 어쩔 수 없이 학생들을 평가하

『에드와르도』

존 버닝햄 지음, 비룡소

에드와르도는 화분을 발로 찼어.
화분은 공중으로 붕 뜨더니 흙 위에 툭 떨어졌어.
"에드와르도야, 정원을 가꾸기 시작했구나.
정말 예쁘다. 다른 식물들도 좀 더 심어 보렴."

게 되고 평가는 대부분 비슷하다. 그러면서 어른들이 에드와르도에게 했던 것처럼 한마디씩 툭툭 던졌을지도 모를 일이다. 말을 하는 쪽에서는 한 마디이지만, 말을 듣는 입장에서는 수십 마디가 될 수도 있는데 말이다.

모든 교사들이 미운 짓을 하는 아이에게 밉다고만 한다면 그 학생은 학교에서 설 자리가 없을 것이다. 단 한 명이라도 그 아이의 행동을 이해해 주고 아이의 말을 들어 주고 잘못을 지적해 주는 어른이 필요하다. 그래야 훗날 그 아이가 바른 어른으로 성장할 수 있지 않을까? 이런 생각을 하다 보니 미운 아이를 바라보는 나의 태도가 조금은 달라졌다. 그전에는 학생을 볼 때마다 미운 행동이 먼저 보여 매번 야단치기 일쑤였는데, 조금 참고 "짧은 시간에 청소를 금방 했구나.", "내일은 저기까지 닦아 주고 나갈래?"라고 말을 건넸더니 차츰 교실에 있는 시간이 길어졌다.

그러고는 2학기가 되어 그 학생이 부회장이 되었다. 당시 우리 반에서는 부회장이 지각체크를 하고 있었는데, 1학기 부회장이 그 역할을 너무나 잘해 주었기 때문에 내심 걱정이 되었다.

하지만 그것은 나의 우려였다. 부회장을 맡은 뒤로 그 학생은 단 한 번도 지각하지 않았고 불평불만이 없었다. 학년이 올라갈 때는 '체육 교사'가 되고 싶다는 장래 희망을 내비쳤고, 어떻게 공부하면 되는지 상담을 요청했다. 그 후 그 학생은 열심히 공부해서 지금은 당당히 중등 체육 교사가 되었고, 첫 담임을 맡을 때 무엇을 어떻게 준비하면 좋을지도 물어 왔다.

올해 우리 반에도 미운 학생이 한 명 있다. 문제의 심각성으로 보면 과거 그 학생의 몇 배쯤 된다. 가장 큰 문제는 등교를 하지 않는 것이다. 어쩌다 등교를 하는 날에도 한 시간 마치고 조퇴하기를 반복했다. 얼굴을 볼 수 없으니 당연히 제대로 된 상담을 하지 못했고, 그러다 보니 부정적인 이미지만 더 커지고 있었다. 하루는 "이왕 왔으니 좀 있다 7교시 마치고 집에 가면 안 될까?"라고 물었더니, "전 학교에서는 공부를 못 해요. 제가 학교에서 공부에 집중하는지 저랑 내기하실래요?"라는 답변이 돌아왔다. '그럼 학교를 왜 다니니? 그만두지.'라는 말이 목구멍까지 올라왔지만 차마 입 밖으로 낼 수 없었다. 물론 공부를 열심히 하지도 않는 학생이다. 소통이 거의 불가능했기에 대화를 시도하고 싶지도 않았다.

그러던 중 누적된 일들로 정말 퇴학 위기에 이르렀을 때, 마지막이라 생각하고 학생과 대화해 보았다. 학생도 나와 같은 마음이었나 보다. 왜 지금과 같은 사태가 벌어지게 됐는지, 자기가 왜 그렇게 행동했는지에 대해 차분히 변명 아닌 변명을 해 주었다.

사실 나도 처음부터 이 학생에게 반감을 지니고 있었던 것은 아니었다. 담임을 맡으며 이 학생에 대한 안 좋은 얘기들이 여기저기서 들려왔지만, 난 되도록 귀를 막고 안 들으려고 했다. 그런 말들로 인해 괜한 선입견을 품고 싶지 않았기 때문이었다. 하지만 점차 '선생님들 말이 틀리지 않았어.'라는 생각을 갖게 되었다. 그러면서 대화가 단절된 상태에서 '말을 해도 안 들을 거야.', '말해 봤자 내 입만 아프지.'라며 마음을 닫고 있었는지도 모르겠다.

진지한 대화 후에도 학생의 태도는 그리 달라진 것 같지는 않았다. 하지만 적어도 이제는 내가 물어보는 말에 대답을 하는 것이 변화라면 변화였다. 이 작은 변화를 계속 지켜보고 응원한다면 언젠가 이 학생도 사람들에게 이런 말을 들을 날이 오겠지?

"넌 세상에서 가장 멋진 사람이야!"

나와 마주하는 질문

- 학생에게 미운 마음이 든 적이 있나요?
- 미운 마음을 없애기 위해 어떤 노력을 했나요?
- 학생의 행동을 탓하며 포기한 적은 없나요?

편견을 가지고
보고 있지 않나요?

『도망쳐, 늑대다!』, 마티외 모데 지음, 한울림어린이

많은 교사가 아이들을 직접 만나기 전에 전년도 담당 교사들로부터 정보를 받아 아이들을 파악한다. 이렇게 얻은 사전 정보는 교사들에게 편견으로 작용하여 아이들을 평가하고 판단하도록 한다. 부정적 정보를 많이 받은 아이일 경우 만나기도 전에 성장 가능성이 전혀 없는 아이로 여기게 된다. 편견에서 벗어나 아이의 성장 가능성을 믿는 데 큰 도움을 받은 책이 바로 『도망쳐, 늑대다!』이다.

"선생님 작년 1학년 담당하셨죠? 올해 제가 맡게 된 아이들 어때요?

"아이고, 선생님 올해 고생하시겠어요. 힘든 아이들이 반에 많이 있어요. 힘들어서 어떻게 해요?"

"이 아이들이 그렇게나 힘들어요?"

"그럼요. A는 예전부터 친구들에게 폭력을 일삼아서 학교폭력 문제가 자주 생겼어요. 작년 담임선생님도 A때문에 얼마나 고생했는데요. B는 우울증이 심해서 담임선생님이 항상 주의 깊게 살피셔야 해요. 혹시라도 안 좋은 일이 생길 수도 있어서요. C는 수업 시간에 교과 선생님에게 욕을 하기도 했어요. 아이들을 선동해서 교과 수업을 방해하기도 했어요. 교과 선생님께서 정말로 힘든 한 해를 보냈어요."

매년 2월이면 선생님들 사이에서 이런 대화가 자주 들린다. 3월 새로운 학년을 맞아 반 편성을 하고 담임반을 정하는데, 담임반이 정해지면 올해 담당할 아이들이 어떤 아이들인지 궁금해진다. 그래서 작년에 학생들을 가르쳤던 선생님들을 찾아가 아이들의 정보를 묻고는 한다.

몇 해 전 2학년 담임을 맡게 되면서 작년에 학생들을 지도했던 선생님들을 찾아다니며 학생들에 관해 물었다. 선생님들은 학교폭력, 우울증, 게다가 교사에게 욕을 한 학생까지 힘든 아이들이 많은 반을 맡았다면서 안타까워하셨다. 그 이야기를 들으면서 올해 얼마나 힘들까 걱정되었다. 왜 하필이면 내가 담임을 맡게 되었는지 속상했다. '올해는 어떤 아이들을 만날까?'라는 기대감보다 '담임인 나를 힘들게 하는 아이들은 얼마나 될까?'라는 걱정으로 새 학기 준비를 시작했다.

새 학기 첫 날, 아이들과의 첫 만남인데 설레는 마음은 별로 없었다. 아이들이 교실로 들어오면 '아, 이 아이는 ○○ 아이고, 저 아이는 ○○ 아이구나'라고 단정 지었다. 작년에 학교폭력으로 힘들게 했다는 아이가 들어왔을 때 '이 녀석 올해는 얌전히 지냈으면 좋겠다.'고 생각했다. 마지막으로 교과 선생님에게 욕했다는 아이가 들어왔을 때는 '선생님에게 욕을 했던 나쁜 아이구나. 생긴 것도 못되게 생겼네. 올해 이 아이가 아무런 사고 없이 무사히만 지냈으면 좋겠다.'는 마음이 들었다.

이처럼 동료 교사들로부터 받은 사전 정보를 바탕으로 편견과 선입견으로 무장한 채 아이들을 만나 왔다. 그러던 어느 날 나의 태도를 반성하게 하는 그림책 『도망쳐, 늑대다!』를 읽었다.

평화로운 마을에 늑대가 나타난다. 늑대를 처음 본 황새는 파랑

새, 생쥐, 돼지, 거북이에게 이 사실을 급히 알린다. 늑대가 나타난 사실만으로 동물들은 엄청난 공포를 느낀다. 늑대가 자신들을 잡아먹을까 봐 안절부절이다. 늑대가 무엇을 하고 있는지 살피기 위해 조용히 접근하는데 그만 늑대와 눈이 마주치고 만다. 너무 놀라고 무서워 온몸의 털이 쭈뼛 서며 어찌할 줄 모른다. 그 모습을 보는 늑대는 어땠을까? 늑대는 아무런 말도 행동도 하지 않았다. 그저 앉아서 식사를 하고 있었다. 늑대가 먹고 있는 음식은 뜻밖에도 채소가 가득 담긴 샌드위치이다. 늑대는 오히려 동물들이 왜 놀라는지 이해가 되지 않는다. 샌드위치 먹는 늑대를 처음 봐서 놀라는 것으로 생각하고 동물들과 간단한 인사를 나눈 후 다시 샌드위치를 먹는 데 집중한다.

늑대는 동물들에게 어떠한 위협도 가하려는 마음이 없다. 그런데도 동물들은 그 이전의 경험으로, 다른 늑대늘이 그동안 자신들에게 해 왔던 행동을 기준으로 늑대를 평가하고 판단한 것이다.

늑대를 보고 공포를 느끼는 동물들이 나와 같았다. 동물들은 낯선 늑대와 대화도 제대로 해 보지 않고 늑대를 평가했다. 그리고 확신했다. 늑대가 자신들에게 매우 위협적인 존재라고. 내가 그랬다. 새 학년 담임교사로 만나게 될 아이들을 다른 선생님들의 말에 의존해서 평가했다. 학생들을 만나 보기도 전에 말이다.

학기 초 반장 선거를 하는데 편견을 가졌던 학생이 후보로 출마

『도망쳐, 늑대다!』

마티외 모데 지음, 한울림어린이

샌드위치 먹는 늑대 처음 봐?
아, 아니, 마, 맛, 맛있게 먹어!

늑대다! 늑대가 나타났다!

했다. 학생들 사이에서 영향력이 있는 학생이라서 걱정이 되었다. 이 학생이 반장이 되면 일 년 동안 학급 일에 전혀 신경을 쓰지 않을 게 분명했다. 반장이라는 타이틀이 갖고 싶고, 반장이 되면 내신점수에도 반영이 되니 그저 욕심이 났을 거라고 판단하고 단정했는데 결국 그 학생은 반장이 되었다.

미국의 심리학자인 로젠탈 교수는 미국의 한 초등학교에서 20% 학생을 무작위로 뽑아 교사들에게 지능이 높은 학생들이라고 안내했다. 실제로 지능이 높은 학생들이 아니었지만 교사들은 지능이 뛰어난 학생들이라고 믿게 되었다. 그리고 로젠탈 교수는 교사들에게 학생이나 학부모에게는 이 사실을 알리지 말고, 평소처럼 학생들을 지도해 달라고 부탁했다. 실험 8개월 후 지능이 높다고 여겨진 학생들은 모두 엄청난 성장을 보였다. 이 실험은 관찰자의 역할이 중요하다는 점을 알려 준다. 이처럼 기대나 관심이 다른 사람들에게 좋은 영향을 미치는 현상을 가리켜 로젠탈 효과라고 한다.

교사가 학생들, 학부모들에게 아무런 말도 하지 않았고 평소처럼 지도했는데 왜 이런 결과가 나타났을까? 긍정적인 성장이 일어날 것이라고 교사들이 학생들을 믿었기 때문이다. 학생에 대한 교사의 믿음은 이렇게 엄청난 결과를 가져올 수 있다.

난 교사로서 아이에 대한 기대감이 전혀 없었다. 학급의 보통 학생들이 욕설이 섞인 말로 대화를 하면 요즘 애들은 다 그렇다며 넘어갔다. 반면에 편견을 가진 학생이 욕설이 섞인 말을 하면 욕을 자주 하는 나쁜 아이라고 여겼다. 내가 편견을 가진 아이는 내게 못된 행동을 하는 아이, 성장 가능성이 전혀 없는 아이었다. 그저 아무런 사고만 치지 않았으면 했다.

그런데 예상과 달리 아이는 반장 역할을 잘 수행했다. 다양한 학급 행사에서 아이들을 통솔하는 리더십을 발휘했다. 성격도 쾌활하고 긍정적이어서 다른 아이들에게도 좋은 영향력을 끼쳐 학급 분위기가 밝아졌다. 뿐만 아니라 담임교사인 내게도 먼저 다가와 줬다. 학급 일을 논의하고 개인적인 상담까지 하면서 함께 하는 시간이 늘어났다. 그러면서 조금씩 아이를 이해하게 되었다.

그런 아이를 바라보며 편견과 선입견으로 가득 찼던 내가 한없이 부끄러웠다. 그림책 『너는 어떤 씨앗이니?』를 보면, 바람에 흩날리던 씨앗은 민들레꽃이 되고, 꽁꽁 웅크린 씨앗은 모란꽃이 된다. 그 외에도 어딘가 부족해 보이고 성장 가능성이 없어 보이는 씨앗들이 아름다운 꽃으로 피어난다. 그동안 난 아이들의 성장 가능성을 바라봐 주지 못했다. 누구나 아름다운 꽃을 피워 낼 소중한 씨앗 같은 존재라고 여기지 못했다.

다행히 그 아이 덕분에 지금은 선생님들을 찾아다니며 아이들의 정보를 파악한 후 편견을 가지고 아이들을 만나지 않는다. 3월 초 아이들을 직접 만나면서 아이들을 이해하려고 노력한다. 아이들을 섣불리 판단하지 않고 있는 그대로 바라보며 존중하려고 한다. 무엇보다 아이들을 무한한 성장 가능성을 지닌, 아름다운 꽃을 피울 존재라고 생각하려고 한다.

나와 마주하는 질문

- 아이에게 편견을 가질 만한 이야기를 듣거나 한 적이 있나요?
- 편견과 선입견으로 아이의 성장 가능성을 낮게 본 경험이 있나요?
- 편견과 선입견으로 성장 가능성을 낮게 본 아이에게 미안한 마음을 담은 글을 써 보세요.
- 아이들이 어떤 씨앗을 갖고 있고 어떤 꽃으로 피어날지 생각해 보세요.

가깝지도 멀지도 않은 학생들과의 거리

『적당한 거리』, 전소영 지음, 달그림

많은 사람이 교사라면 학생들과 가까운 거리를 유지하면서 서로 의지하는 관계가 되어야 한다고 한다. 실제로 대부분의 교사들이 학생들과 원만한 관계를 유지하며 지낸다. 하지만 학생들과 관계 맺기, 거리 만들기에 어려움을 느끼는 교사가 적지 않다. 너무 가까워도, 너무 멀어도 안 되는 거리. 이처럼 학생들과의 거리에 대해서 고민이 많았을 때 만난 책이 『적당한 거리』이다.

나는 학생들과 관계를 맺는 게 어려웠다. 예전에 근무했던 학교에서는 쉬는 시간이나 점심시간이면 많은 학생이 교무실을 찾아왔다. 선생님들에게 수업 내용 중에 이해되지 않는 것을 묻기도 하고 다음 시간 준비물이 무엇인지 확인하기도 했다. 수업 시간에 친구가 떠들어서 선생님이 화가 났다는 등 시시콜콜한 이야기로 교무실이 북적거렸다.

그런데 나를 찾아오는 학생은 거의 없었다. 학생들로 둘러싸인 동료 교사들이 부러웠다. 동료 교사들은 학생들과 가깝게 지내는 게 참 쉬워 보였다. 동료 교사들처럼 편하게 학생들에게 다가갔으면 좋겠다고 생각했다. 때로는 교사로서 학생들과 관계 형성을 잘하지 못하는 나 자신을 보면서 자괴감이 들기도 했다. 무뚝뚝한 성격이라 학생들에게 다정다감하지 못한 나를 원망하면서 말이다.

교무실에서 학생들이 수업과 관련 없는 질문을 할 때가 있다.

"선생님, 핸드폰 새로 사셨어요? 기종이 뭐예요?"

보통 다른 선생님들은 언제 새로 샀는지, 기종은 무엇인지 아주 친절하게 대답해 준다. 심지어는 학생의 핸드폰 기종은 무엇인지 묻기도 하면서 소통을 한다. 그런데 난 이런 질문을 받으면 "네가 몰라도 돼. 사적인 질문은 사절"이라고 답할 때가 많았다. 그럼 학생들은 뻘쭘해 하면서 내게서 멀어져 가곤 했다.

그렇게 계속 지내고 싶지 않았다. 학생들과 마음으로 연결되는 진실한 관계를 만들고 싶었다. 학생들이 나를 의지할 수 있고, 서로를 존중하는 가운데 마음이 통하는 사이가 되기를 간절히 바랐다.

그러던 중 전소영 작가의 『적당한 거리』를 읽다가 한 문장에서 잠시 멈추게 되었다. 그 문장은 내 고민에 대한 답을 주는 듯했다.

"선생님들은 어쩜 그리 학생들과 관계를 잘 맺으세요?"라고 묻는 질문에 "적당해서 그래. 뭐든 적당한 건 어렵지만 말이야."라고 대답해 주는 느낌이었다. 적당한 건 어렵지만 적당하면 문제를 쉽게 해결할 수 있을 듯했다. 그런데 한편으로 여전히 의문은 남았다. 학생들과 적당한 관계는 어떻게 맺어야 하는지 알지 못했다.

『적당한 거리』에서는 식물을 키우는 요령에 대해 설명한다. 식물이 잘 자라기 위해서는 적당한 햇빛, 적당한 흙, 적당한 물, 적당한 거리가 필요하다. 애정이 넘쳐서 더 많은 흙을 담아 주거나 더 빨리 자라게 하기 위해 적당량을 넘는 물을 줄 경우 식물이 죽어 버릴 수 있다.

그때 조금 알 것 같았다. 사람과 사람 사이, 교사와 학생 사이의 관계에 대해서 말이다. 사람 사이의 관계도 적당한 거리를 유지하지 못하면 문제가 생긴다. 추운 날 뜨거운 난로를 적당한 거리에서 마주하면 따뜻함을 느낄 수 있다. 하지만 좀 더 따뜻해지고 싶어 난로에 가까이 다가가면 화상을 입을 수도 있다. 반면 너무 멀리서 난로를 마주하면 따뜻함을 느끼지 못한다. 학생들과의 관계도 마찬가지다. 모든 학생이 선생님과 같은 거리를 유지하기 원하지 않는다. 가까운 거리에서 관계 맺기를 원하는 학생이 있는 반면에 오히려 선생님들과 거리감이 있을 때 편안함을 느끼는 학생들도 있다.

학생들과 거리감을 두고 지내면 안 될 것 같아 학생들에게 가까이 다가가려고 노력했다. 활달하고 유쾌한 학생과는 농담도 하고 장난도 했다. 학생들이 관심 있어 하는 연예인 이야기를 하기도 하고 이성 친구에 관해 묻기도 했다. 시간이 지날수록 학생들이 예전보다 조금은 나를 편하게 대하는 게 느껴졌다. 그러자 모든 학생과 가까워지고 싶었다.

온순하고 내성적인 성격으로 쉬는 시간이나 점심시간에 주로 혼자 지내는 학생이 있었다. 자리 이동도 거의 하지 않고 공부에만 집중하는 학생이었다. 혼자 지내는 게 힘들어 보여서 학생에게 가까이 다가갔다. 자주 불러서 먹을 것도 주고 요즘 어떻게 지내는지, 부모님과는 어떤지, 다른 친구들과 잘 지내는지, 학급 생활하면서 힘든 점은 없는지 등을 물으며 대화를 시도했다.

학생은 내 질문에 꼬박꼬박 답을 해 주었기 때문에 학생과 거리를 줄이고 있다고 느꼈다. 그러던 어느 날, 점심을 먹고 학생을 불러

『적당한 거리』

전소영 지음, 달그림

"네 화분들은 어쩜 그리 싱그러워?"

적당해서 그래.
뭐든 적당한 건 어렵지만 말이야.

다시 이야기하려는데 학생의 표정이 좋지 않았다.

"표정이 좋지 않은데 무슨 일 있어?"

"특별히 안 좋은 일은 없어요."

"그런데 불편한 얼굴을 하고 있네. 왜 그런지 말해 줄 수 있어?"

학생은 머뭇거렸다. 말을 할 듯 말 듯 고민하며 쭈뼛거렸다. 그때 문득 학생이 나와 대화하는 게 불편한 것이 아닐까 하는 생각이 들었다. 주로 혼자서 지내는 학생인데 내가 자꾸 불러서 대화하려고 하니 불편할 수도 있을 거란 생각이 들었다.

"혹시 선생님이 자주 불러 대화를 하는 게 불편하니?"

학생은 그제야 속마음을 말했다.

"선생님과 대화하는 게 싫지는 않은데요. 전 혼자 있는 게 편해요. 조용히 공부하면서 지내는 게 좋아요. 그런데 선생님이 자주 불러서 일상적인 이야기를 물어보는데 전 제 이야기를 다른 사람에게 말하는 게 힘들어요."

학생들과 거리감을 줄이고 있다고 위안으로 삼고 있던 난 날벼락을 맞은 느낌이었다. 그때 알았다. 학생들이 나와의 관계에서 모두 같은 거리를 유지하기 원하지 않는다는 것을.

『단단한 마음공부』를 쓴 서광 스님은 강의에서 다음과 같이 말했다.

"첫째, 인간은 누구나 불성(지혜)을 지니고 있어 모두 고귀한 존재입니다. 단지 불성을 가리는 먹구름(무지)으로 인해 차이가 생깁니다. 그러니 아무리 문제 행동을 자주하는 학생도 선한 본성을 지니고 있음을 기억해야 합니다. 둘째, 교사는 학생이 성장하게끔 원인, 씨앗을 제공하기 위해 최선의 노력을 다해야 합니다. 그러나 결과, 추수까지 교사가 원하는 방향으로 끌어가려는 것은 교사의 교만, 우월감일 수 있습니다. 최선의 노력을 하되 결과는 학생에게 맡기면 됩니다. 그래야 교사로서 견디며 살아갈 수 있습니다."

학생들도 성격이 모두 다르듯이 교사들도 모두 다르다. 모두가 학생들에게 다정다감하게 다가갈 수는 없다. 자신만의 특성 및 학생들의 특성을 고려하면서 학생들과 관계를 맺으면 충분하다. 관계 형성에서 진짜 중요한 것은 거리가 아니라 학생의 성장을 바라는 교사의 애정 어린 마음이다.

그래서 이제 난 학생들과 가까운 거리를 유지하는 동료 교사를 부러워하지 않기로 했다. 학생들과 거리가 가까우면 가까울수록 좋은 것이 아님을 알고 나서는 나답게 학생들과 거리를 유지하기로 했다. 아직도 여전히 다정다감하게 학생들을 대하지 못한다. 그렇지만 학생을 사랑하는 마음으로 대하려고 노력하고 있다.

"선생님, 핸드폰 새로 사셨어요? 기종이 뭐예요?"라는 질문에 여전히 "사적인 질문은 사절"이라고 답한다. 하지만 예전과는 달리 퉁명하게 말하지 않는다. 학생의 눈을 바라보며 너의 질문에 진심으로 답한다는 것을 느끼도록 말한다. 그러면 학생들은 "선생님은 시크하단 말이야." 하면서 웃으며 자리를 떠난다.

학생들도 내가 다른 선생님들과 다르다는 것을, 나와의 적당한 거리는 다른 선생님들과의 거리보다는 조금 멀다는 것을 안다. 하지만 내가 자신들을 애정 어린 마음으로 가르치고 있다는 것 또한 알고 있다. 단순히 거리가 가깝고 멀고는 중요하지 않다. 애정 어린 마음으로 각 학생의 성격, 특성에 맞게 적당한 거리를 유지하면 된다.

나와 마주하는 질문

- 학생들과 얼마만큼의 거리를 유지하고 싶나요?
- 학생들과 적당한 거리를 유지하기 위해 지금 할 수 있는 일은 뭘까요?
- 학생의 성장을 애정 어린 마음으로 돕고 있나요? 그런 자신에게 어떤 말을 해 주고 싶나요?

성적만으로 아이를
평가하지 않기

「까마귀 소년」, 야시마 타로 지음, 비룡소

학교에 와서 교실에 앉아 있지만 배움의 과정을 전혀 따라오지 못하는 학생을 한 번쯤은 만난다. 기초학력 평가를 하면 여지없이 기초학력 미달이다. 교사가 열과 성의를 다해 지도하려 하지만 쉽지 않은 일이다. 학교 현장에선 기초학력이 부진한 학생이 매뉴얼에 따라 관리되지만, 과연 학생에게 실제로 도움이 되는지는 모를 일이다. 그런데 『까마귀 소년』을 읽고 '바로 이거구나!' 하는 깨달음을 얻었다.

경험은 부족해도 열정으로 시작하던 초임 시절에 나는 『메밀꽃 필 무렵』의 고장으로 유명한 평창군 대화면 소재의 중학교로 발령을 받았다. 학교는 오로지 배움을 위해, 가르침을 위해 세웠다는 믿음으로 학교에 출근하고 학생들을 만났다. 이 학교에는 산골짝에 살며 새벽부터 학교에 오는 부지런한 학생이 있었다. 늘 교실에서 혼자였고 학습능력은 초등 2학년 수준을 넘어서지 못했다. 온종일 무슨 생각을 하며 수업 시간에 무엇을 하고 있었을까? 내게 그 학생은 구구단도 못 외우는 아이에 불과했다. 그런 까닭에 6~7교시까지 무슨 말인지도 모르는 수업을 들으며 버텨 준 아이의 입장을 전혀 헤아리지 못하고 난 그 아이를 붙잡아 두고 집에 보내지 않았다. 나는 좋은 담임교사라는 생각에 사로잡혀 아이에게 구구단이며 영어 알파벳을 가르쳤다. 아이는 덩치가 컸지만 천사처럼 착했다. 열심히 구구단을 외워 며칠 만에 2단을 외웠다.

"$2 \times 1 = 2, 2 \times 2 = 4 \cdots\cdots 2 \times 9 = 18$."

'잘했어'라는 칭찬 대신 바로 난 "$2 \times 4 = ?$" 하고 기습질문을 했다. 물론 결과는 뻔했다. 답을 하지 못했다. 그 아이는 반복해서 며칠 동안 구구단을 외웠다. 이제 아이는 선생님의 기습질문에 '2단쯤이야!'라고 말하듯 멋지게 답을 외쳤다. 드디어 적용을 시킬 차례였다.

"1분단 책상이 몇 개야?"

이렇게 묻고 '2×6=12, 12개요.'라고 구구단을 적용하리라는 내 생각과는 다르게 책상을 하나, 둘…… 하며 세기 시작했다. 나는 절망했다. 그래도 물러서지 않았다. 배워 두면 언젠간 써먹을 수 있는 날이 오리라, 그때 선생님을 기억하며 고마워하리라는 믿음으로 3단, 4단, 5단을 열심히 외우게 했다. 그 아이는 그렇게 매일 남아 구구단과 알파벳을 외웠다. '나 같은 열정적이고 훌륭한 선생님을 중학교 3학년이 되어서야 만나다니' 하며 나의 제자 교육에 대한 열정과 성과에 자만하기까지 했다.

『까마귀 소년』에서 주인공 땅꼬마는 학교에 오면 언제나 혼자다. 땅꼬마는 학교 와서 공부와 친구들을 두려워하는 것은 물론 선생님도 무서워해서 제대로 배우지 못한다. 다른 아이들은 이런 땅꼬마를 바보 멍청이라고 한다. 하지만 6학년 졸업반 때 이소베 선생님을 만나면서 땅꼬마의 진가가 발휘된다. 땅꼬마는 뒷동산 머루가 열리는 곳, 돼지감자가 자라는 곳, 꽃밭을 만들 때도 꽃이란 꽃은 죄다 안다. 그해 땅꼬마는 학예회 무대에 오르고, 다양한 까마귀 소리로 모두를 산자락으로 끌고 간다. 아이들은 모두 길고 긴 6년 동안 땅꼬마를 얼마나 못살게 굴었는지 생각하며 눈물을 터뜨린다.

그림책 속 땅꼬마는 이소베 선생님을 만나면서 학교생활이 180

도 달라진다. 이소베 선생님은 자신의 잣대가 아니라 땅꼬마의 있는 그대로의 모습을, 즉 삶 속에서 익힌 지식의 진가를 알아채고, 그것을 인정받을 수 있도록 해준다. 땅꼬마는 이제 더 이상 이상한 아이가 아니었다.

난 초년 시절 열정 하나만 믿고 질주하는 지혜롭지 못한 교사였다. 내게 그 학생은 그저 초등 2학년 수준의 구구단도 모르는 아이로밖에 보이지 않았다. 그러던 어느 눈이 펑펑 오던 날부터 그 아이는 학교에 오지 않았다. '눈이 너무 많이 와서 산 고개를 못 넘는 건가?' 하며 기다리던 며칠이 지나고 아이가 아주 해맑은 얼굴로 학교에 나타났다. 왜 학교에 오지 않은 거냐고 나무라듯이 다그쳤다.

"산에 토끼를 잡으러 다녔어요."

"왜?"

"눈이 많이 오면 앞다리가 짧은 토끼가 잘 도망가지 못하기 때문에 잡기가 쉬워요."

"잡아서 뭐 하는데?"

"장에 가져다 팔아요."

"……그럼 그거 한 마리에 얼마야?"

"한 마리에 3,500원이요."

그저 토끼장에 있는 토끼에게 배추 잎이나 넣어 줘 본 나로서는 토끼가 장에 팔려 가는 동물이란 생각을 한 번도 해 본 적이 없었다.

『까마귀 소년』

야시마 타로 지음, 비룡소

이소베 선생님이 새로 오셨어.
선생님은 땅꼬마밖에는 알아볼 수 없는
삐뚤빼뚤한 붓글씨도 좋아했어.

커피 한 잔 값이 500원 정도였으니 3,500원이면 적은 돈이 아니었다. 게다가 구구단도 제대로 못 하는 아이가 장에 가서 물건을 판다니. 애써 잡은 토끼 값을 제대로나 받았을까 싶어 잽싸게 물었다.

"그럼, 네가 잡은 토끼 두 마리를 사면서 10,000원을 내면 얼마를 잔돈으로 줄 건데?"

내 말이 떨어지기가 무섭게 아이는 대답했다.

"3,000원이요."

난 그 뒤로 그 아이에게 구구단 공부를 시키지 않았다. 구구단을 모르는데 어떻게 계산할 수 있는지 지금도 그 이유를 모른다. 그 아이는 여름에는 뱀을 잡아다가 장에 판다고 했다. 독이 있는 뱀은 더 비싸다고 했다. 나는 긴 나뭇가지만 봐도 뱀인가 싶어 혼비백산이 되어서 도망가는데, 산으로 들로 뱀이며 토끼를 잡으러 다닌다니 딴 세상 이야기처럼 넋을 놓고 들었다.

『까마귀 소년』을 읽으면서 너무 늦었다 생각했다. 좀 더 일찍 깨우쳤더라면 내가 이소베 선생님처럼 그 아이의 존재감을 찾아 줄 수 있었을 텐데 아쉬웠다. 아마도 그 아이는 『까마귀 소년』의 땅꼬마처럼 산골 어딘가에서 아주 멋진 삶을 살아왔을 것이다. 지금은 50살이 넘은 모습으로 오일장을 누비고 다닐지도 모르겠다.

당시 난 퇴근길에 경운기를 몰고 가며 한손으로 경례를 올려붙이던 시골 아이들의 멋짐을 알아차리지 못했다. 철이 되면 쪄 오던

옥수수와 감자가 그 아이들의 땀과 노력으로 만들어졌는지도 몰랐다. 그저 시험 문제를 하나라도 틀리지 말라며 하나 틀리면 한 대씩 때리겠노라고 엄포를 놓았다. 그게 당시 내 방식, 내 기준의 사랑이며 열정이었다. 지금이라도 그 아이들을 만날 기회가 생기면 용서를 빌고 싶다. 그때는 너희들의 대단한 삶을 몰랐다고, 그래서 미안하다고 꼭 말해 주고 싶다.

난 그 후로도 학교에서 좋은 성적을 내지 못하지만 착하고 순한 아이들을 많이 만났다. 그때도 늘 좋은 성적을 종용하긴 했지만 몇 년 뒤 어떤 아이는 볼링장에서, 다른 아이는 주점에서 멋진 종업원으로 만났다. 아이들도 사회에서 자기만의 자리가, 자기의 삶이 있었음을 나중에 깨달았다. 내가 나의 잣대와 기준으로만 아이들의 삶을 평가절하해 오고 있었다. 이제 다시는 나의 잣대로만 아이들을 평가하거나 판단하지 않으려 한다.

나와 마주하는 질문

- 학교 공부를 어려워하는 학생들을 만난 적이 있나요?
- 학교 밖에서 아이들은 어떤 삶을 살고 있었나요?
- 아이들의 삶을 존중하려면 어떤 것이 필요할까요?

자존감이 낮은 학생에게 다가가기

『나는 다른 동물이면 좋겠다』, 베르너 홀츠바르트 글,
슈테파니 예쉬케 그림, 아름다운사람들

다문화 가정 학생들은 부모의 문화와 한국 문화 사이에 균형을 잡기 어렵다. 특히, 학교에서 자신의 자리를 잘 잡지 못했을 경우 스트레스가 더욱 심해진다. 이 과정이 계속되면 '나는 잘하는 게 없어. 나도 저 친구처럼 되었으면 좋겠다.'라고 자책하며 자존감이 떨어진다. 이런 학생이 자신을 사랑하고, 자존감을 높일 수 있도록 도와주고 싶었다. 그때 『나는 다른 동물이면 좋겠다』를 만났다.

초등학교 5학년을 담임하던 해 6월 어느 날 쉬는 시간에 학생이 찾아왔다. 굉장히 심각하고, 걱정에 가득 찬 얼굴이었다. 학생은 평소에 수줍음이 많은 편이라 나를 스스로 찾아오는 경우는 극히 드물었다. 3월에 처음 만났을 때, 인사차 물어보는 질문에도 들릴까 말까 하는 목소리로 대답을 하던 학생이었다. 무슨 일인지 너무 궁금했지만 재촉하고픈 마음을 누르고, 다음 이야기를 기다렸다.

"선생님, 저 아이들이 수학 시간부터 저를 째려봐요."

엄마는 베트남인, 아빠는 한국인인 학생은 엄마가 베트남에서 왔다는 것을 친구들에게 숨기려 했다. 이국적인 외모에 눈, 코, 입이 진한 매력적인 얼굴을 갖고 있었다. 그런데 외모에 대해서도 자신은 굉장히 못생겼다고 믿는 아이였다. 자신에 대해서 드러내고 싶지 않아 친구들과도 소통이 거의 없었다. 싫어도 거절을 못하던 학생인데, 누군가와 시비가 붙었다? 상상할 수 없는 이야기였다.

양쪽의 이야기를 다 들어본 결과 수학시간에 집중력을 잃고 다른 생각을 하던 학생들이 창밖을 바라보다가 자신의 집 쪽이 보이자 수업 끝나면 집에서 같이 놀자고 하면서 서로 웃었다고 한다. 공교롭게도 창가 쪽에 그 학생이 있었고, 그 학생은 자신의 짝에게 다른 학생들이 자신을 바라보면서 비웃는 것 같다고 이야기를 했다. 그러자 아무 뜻 없이 창밖을 바라봤던 학생들은 오히려 그 학생이 자신들을 보고 수군수군 댄다고 믿었다. 아주 작은 오해에서 비롯되었지만, 오해가 시간이 갈수록 점점 부풀어 올랐다.

예전처럼 '네가 잘못 들은 거야. 그러니까 오해한 것 사과해.'라고 단순하게 결론지었다. 겉으로는 해결된 것처럼 보였지만, 학생들의 관계는 나아지지 않았다. 어른은 상황이 이해가 되면 바로 사과할 수 있지만, 마음이 여린 학생의 경우에는 그렇게 이야기하면 마음의 문을 닫아 버린다. 그래서 그 학생과 이후 어떤 대화도 하기 힘들어졌다. 나는 학생의 마음을 알아가기로 했다. 왜 이런 피해 의식과 같은 마음을 갖게 되었을까? 상담을 하자 그 학생은 이런 이야기를 들려주었다.

"저는 엄마가 베트남 사람이기 때문에 친구들과 외모가 달라요. 그게 너무 신경 쓰여요. 그래서 엄마가 베트남 사람인 걸 드러내기 더 싫어요. 그리고 제가 느린 편인데, 엄마도 친구들도 자꾸 저에게 빨리빨리 하라고 해요. 그래서 아무것도 하고 싶지 않아요. 아무도 나에게 집중하지 않았으면 해요. 그러면 제가 부족한 걸 다른 사람들이 알잖아요. 친구들이 자꾸 나를 보는 게 너무 불편했어요. 제 단점을 이야기하는 것 같아요."

그때 『나는 다른 동물이면 좋겠다』가 생각났다. 그 학생의 마음

『나는 다른 동물이면 좋겠다』

베르너 홀츠바르트 글, 슈테파니 예쉬케 그림, 아름다운사람들

미어캣은 생각했어요.
'나는 무서운 사자였으면 참 좋겠다.
그랬으면 모두 꼼짝 못할 텐데.'

이 딱 미어캣 같았다.

　미어캣은 다른 동물들을 부러워한다. 침팬지는 재미있고, 곰은 힘이 세고, 사자는 아주 무섭기 때문이다. 미어캣은 '나는 다른 동물이면 좋겠다.'라는 생각을 한다. 그러던 어느 날 검은 그림자가 나타난다. 미어캣은 재빨리 휘파람을 분다. 위험을 알리는 휘파람 소리에 모든 미어캣들이 굴 속으로 도망친다. 그러자 모든 동물들이 '멋진 녀석인데?'라고 생각한다. 침팬지는 '나도 저렇게 망을 잘 봤으면 좋겠다.'라고, 곰은 '나도 저렇게 재빨랐으면 좋겠다.'라고 생각한다.

　나는 그 학생에게 이 책을 읽어 보라고 한 다음 상담을 해 보았다.

　"미어캣이 곰과 같은 덩치라면, 어떤 일이 생겼을까?"

　"힘은 세지만 재빠르게 움직이기는 어려웠을 것 같아요."

　"미어캣이 침팬지처럼 재미있어서 친구들과 노느라 정신이 팔렸다면 위험한 순간에 어떤 일이 벌어질까?"

　"위험한 순간을 알아차리지 못했을 것 같아요."

　그리고 질문을 학생의 삶에 관한 것으로 바꾸어 보았다.

　"네가 빨리빨리 했다면 네가 한 일을 꼼꼼하고 완벽하게 할 수 있었을까?"

　"부족했을 것 같아요. 저도 수업시간에 빨리빨리 하려고 했을 때, 대충 하고 내는 것 같은 기분이 많이 들었거든요."

"네가 말이 많았더라면 다른 사람이 널 믿음직하게 볼 수 있을까?"

"그래도 다른 친구들과 친하게 지내니까 잘 믿지 않았을까요?"

"아니야. 놀랍게도 평소 조용하고 차분하게 말하는 친구들을 훨씬 믿음직스럽게 생각한단다. 말이 많은 친구들은 많이 말할수록 말실수를 자주 하거든. 그런데 너는 말을 신중하게 하니까, 친구들이 너를 더욱 믿음직스럽게 보는 거야. 어머니의 고향이 베트남이어서 어떤 것이 좋은 것 같아?"

"없는 것 같아요. 제 외모도 친구들과 다르잖아요. 그래서 더 불편해요."

"그렇게 생각을 했다니 마음이 힘들었겠구나. 그런데 너처럼 이목구비가 뚜렷한 외모를 부러워하는 친구들도 있어. 그리고 외국에서 살아 본 경험을 갖고 싶지만, 외국에 나가지 못한 친구들도 많아. 그 친구들은 너를 부러워해. 너는 한국과 베트남 둘 다 잘 알잖아. 지난 사회시간 발표할 때도, 인터넷으로 조사한 친구들보다 네가 어머니께 들은 경험을 발표할 때 친구들이 엄청 재밌게 듣더라."

이 상담이 끝나고 아이가 갑자기 밝아지거나, 엄청 자신감이 넘치게 된 것은 아니었다. 하지만 조금씩 변화가 일어났다. 혼자 지내던 아이가 단짝이 생겼다. 친구들이 자신을 싫어하거나 이상하게 볼 것이라는 생각을 덜하게 되니, 친구들이 다가와도 도망가지 않앉으며 조용히 있는 친구들에게 조심스럽게 다가가기도 했다. 평소에는 쉬는 시간에 혼자 그림을 그리다가, 이제는 친해진 친구와 함께 서로 대화하는 모습도 많아졌다. 수업 시간에 힘든 과제는 거의 포기하고 무기력하게 앉아만 있더니 이제는 어떻게 하는지 모르면 수줍게 물어보았다.

그 학생은 졸업식이 끝나자 엄마와 아빠, 동생과 할머니까지 온 가족이 나를 찾아왔다. 6학년이 되어서 예전과는 다르게 자신감도 생겼고, 친구들도 여럿 만들었다고 했다. 4학년 때까지 항상 우울한 아이였는데, 5학년 때부터 달라졌다는 것이다.

모든 변화는 교사인 내가 만든 것이 아니라, 학생이 스스로 만들어 간 것이다. 자신에 대한 부정적인 생각 대신 어머니의 국적도, 자신의 외모, 자신의 성격도 모두 자신의 특성이라고 점점 믿을 수 있게 되었다.

자신의 꼼꼼함을 장점으로 드러내기 위해 수업시간에도 천천히 따라오고 수업시간에 마무리를 못하면, 양해를 구하고 쉬는 시간이나 점심시간에 물었다. 당연히 점점 성적도 많이 올랐다.

그리고 여러 친구들과 두루 지내기보다, 한 명의 친구에게 자신의 마음을 더 많이 표현했다. 단짝 친구가 생기자 자연스럽게 학교를 더 편안하게 느꼈다.

이 학생의 변화는 외향적인 모습이나 외모의 변화도, 성적의 변화도 아니다. 그저 자신에 대한 부정적인 믿음을 긍정적으로 바꾼 것이다. 그러자 자연스럽게 태도가 바뀌었다. 이 학생처럼 다문화 가정의 아이들이 자신의 모습을 있는 그대로 인정할 수 있는 기회가 점점 더 많아지길 소원한다.

나와 마주하는 질문

- 자신의 모습을 부정적으로 보는 학생이 있나요?
- 자신을 부정적으로 생각하는 학생의 장점은 어떤 것들이 있나요?
- 학생이 자신의 모습을 있는 그대로 인정할 수 있도록 어떤 도움을 줄 수 있나요?

학생이 분노를 쏟아낼 때 대처하기

『짖어 봐 조지야』, 줄스 파이퍼 지음, 보림

교실에서 간혹 이해되지 않는 말을 하거나, 상황에 전혀 어울리지 않는 행동을 하는 아이들을 만난다. 돌출행동을 하고 욕설을 퍼붓지만, 정작 교사는 그 아이가 왜 그런 행동을 하는지 이유도 모르고 당할 때가 많다. 다수의 아이들을 가르치며 마음을 하나하나 읽고 이해할 수 있는 여유와 도량을 갖기란 쉽지 않다. 혼란과 분노에 싸인 아이들을 대하며 내 마음을 어찌하지 못해 가슴에 대못이 하나씩 박히고, 그럴 때마다 교사로서의 자존감은 한없이 바닥으로 떨어진다. 『짖어 봐 조지야』는 세상에 대한 자신의 분노를 나에게 쏟아내던 한 아이를 이해하게 해 주었다.

1교시 수업 교실에 들어서자 절반은 교실에 없었다. 5분, 10분이 지나자 하나둘씩 들어오는 아이들, 늘상 있는 일이지만, 도무지 쉬는 시간과 수업 시간을 지키지 않는 아이들에게 나는 지쳐 있었다. 출석 체크를 하고, 당연히 칠판도 내가 지우고 아이들을 한 명씩 둘러보았다. 몇몇 아이들은 벌써 책상에 엎드려 있다. 35명의 아이들 중 5명 정도는 늘 아프다고 엎드려 있고 뒷자리에 앉은 아이들은 수업 중에도 과도한 화장 삼매경에 빠져 있다. 학교에서 대개 1교시, 4교시, 7교시는 대대적인 화장 시간이다. 화장을 못하게 하면 엎드려 버리거나 보건실에 가거나 화장실로 피해 버린다. 화장하지 않은 얼굴은 긴 머리카락으로 가리며 선생님에게 절대 보여 주지 않는다. 담임을 맡은 동안 1년 내내 화장하지 않은 얼굴을 보지 못한 아이들도 꽤 있었다.

한 반에 교과서를 펴고 수업을 들을 자세가 되어 있는 아이는 다섯 손가락에 꼽을 정도이다. 그것도 하루 이틀이 아니어서 내버려두었다. 그날 진도를 나가며 수업을 하던 중 평소 지각이나 결석이 잦던 한 아이가 역시 20분이 지나서야 교실 문을 열고 들어왔다. 지각을 하거나 결석을 해도 본인이 잘못했다는 태도를 전혀 보이지 않고 오히려 당당한 모습이었다. 늦게 들어와서도 전혀 눈치를 보지 않았다. 자리에 앉아서도 주변 친구들과 잡담하고 화장하고 계속 수업 방해를 했다. 눈치를 주어도 막무가내였다. 그냥 두고 볼 수 없어서 그 아이 이름을 부르며 "조용히 하자. 잡담 그만하고 수업에 집중해 줄래?"라고 주의를 주었다. 그러자 곧바로 그 아이는 모두가 들을 수 있을 정도의 목소리로 "에잇, ×××, ×××, 학교 안 다니면 될 거 아냐."라며 욕설을 하고 문을 박차고 나가 버렸다. 순간 너무나 당황스러웠고 다른 아이들도 모두 놀랐다. '내가 뭘 잘못했지?' 생각해 보았으나 떠오르지 않았다. 잔소리를 하거나 꾸중을 한 것도 아니고 교사로서 기본 태도를 지적하고 주의를 주었을 뿐인데 내게 돌아온 건 모멸감이었다. 수업을 계속하기 어려웠다. 간혹 지나가는 교사 뒤통수에 대고 욕설을 하는 학생을 본 적은 있었지만, 수업 중에 많은 아이들 앞에서 그것도 담임에게 욕설을 하고 교실을 나가 버리는 아이는 처음이었다. 그 아이는 도대체 왜 내게 분노를 쏟아내었을까?

『짖어 봐 조지야』는 강아지답지 않게 이상한 울음소리를 내는 조지를 보고 의사 선생님이 조지의 입 속으로 손을 넣어 조지 자신도 미처 몰랐던 이상한 동물들을 하나씩 하나씩 꺼내 주는 내용이다. 그림책 속 강아지 조지는 엄마가 "짖어 봐."라고 하자 "야옹."이라고 한다. 조지의 엄마는 걱정이 되어 곧장 의사 선생님을 찾아간

『짖어 봐 조지야』

줄스 파이퍼 지음, 보림

의사 선생님은 조지 입 속으로 깊이,
깊이 손을 넣었어요.

다. 의사 선생님은 조지의 입속으로 깊이 손을 넣어 고양이를 꺼내고, 또 깊이깊이 손을 넣어 오리를 꺼내고, 또 깊이깊이 깊이 손을 넣어 돼지를 꺼내고, 더 깊이깊이 깊이깊이 손을 넣어 소를 꺼낸다. 마지막으로 조지의 입속에서 커다란 소를 꺼내면서 의사 선생님도 소의 크기와 무게에 짓눌려 함께 쓰러진다.

조지는 강아지인데 왜 야옹이라고 짖었을까?, 왜 '꽥꽥'이라고 울었을까?, 왜 '꿀꿀'이라고 울었을까? 왜 '음메'라고 했을까? 조지 안에 왜 고양이가 있었을까? 왜 오리가 있었을까? 왜 돼지가 있었을까? 왜 소가 있었을까? 조지 스스로도 몰랐을 것이다. 점점 더 큰 동물들이 나올 때마다 조지는 얼마나 놀랐을까.

아이들은 왜 교사에게 모든 분노를 쏟아낼까? 도대체 그들에게 무슨 일이 있었던 것일까? 무엇이 아이들의 마음을 짓눌렀을까?

『짖어 봐 조지야』를 읽으며 내게 욕설을 퍼부었던 그 아이가 떠올랐다. 본래 웃음이 많고 성격도 밝았다. 매우 성실한 타입은 아니지만 초등학교 때까지는 성적도 상위권이었다고 했다. 중학교 때부터 소위 삐뚤어져 가출을 몇 번 하면서 또래들조차 쉽게 접근할 수 없는 아이가 되었다. 집에서도 학교에서도 친구들에게도 너무 센 아이라 아무도 그 아이에게 함부로 다가가지 못했다. 그 아이는 세상이 싫다고 했다. 어른들도 싫고 자기에게 이래라 저래라 하는 부모나 교사도 모두 다 싫다고 했다. 하루빨리 고등학교를 졸업하고 돈

벌어서 하고 싶은 대로 하고 살 거라고 했다. 그러니 학교에 잘 나오라거나 공부하라고 간섭하거나 진로에 대해 가타부타 언급하지도 말고 자신에게 관심을 표현하지도 말라고 했다. 담임인 나의 관심과 돌봄의 영역 밖에 있기를 원했다.

조지가 만난 의사 선생님처럼 나는 학생들의 마음속으로 내 손을 깊이 넣어 주지 못했다. 물론 아이들이 먼저 도와달라고 요청하지 않았다는 변명과 나름대로 노력했다고 합리화도 해 보았다. 그럼에도 불구하고 아이들의 마음을 들여다보려고 끈기 있게 노력하고 적절하게 대처하지 못했다는 자책감이 남는다. 그들이 마음을 열어 보여 줄 수 있는 신뢰할 수 있는 교사가 되지 못했던 것이다.

아이들 입장에서 만난 어른들 중 가장 많이 만나고 부딪히는 기성세대가 바로 교사다. 내게 직접적으로 표현하지 못했지만, 마음속으로 수많은 욕설을 한 아이들도 있었을 것이다. 그날 내게 욕설을 뱉고 나가 버린 그 아이는 며칠 후 등교하여 잘못했노라고 용서를 구했다. 나중에 알고 보니 허락도 없이 친구 집에서 자고 왔다는 이유로 아침부터 아버지에게 징계성 폭행을 당한 것이었다. 겨우겨우 학교를 왔는데, 그런 날 하필 내가 수업 태도를 지적해 그 아이 속에 쌓여 있던 분노의 뇌관을 건드린 것이었다.

그 일이 있은 후로 한참 동안 나는 교실에서 만나는 아이들이 두려웠다. 언제 그들의 분노가 폭발할지 모를 일이었다. 원인도 모르고 그들의 분노를 받아내야 하는 감정의 쓰레기통이 되어야 하는 것이 억울했다.

하지만 그 일을 계기로 아이들의 상처입고 울부짖는 마음을 보려고 애쓰게 되었다. '말'은 감정과 마음의 배설구가 될 때도 있지만, 그 이면에 마음 한켠을 보여 주는 '창'과 같다.

『짖어 봐 조지야』에서 의사 선생님이 조지의 입 속으로 손을 넣을 수 있는 것은 인내와 기다림, 침착함, 용기가 있었기 때문이다. 의사 선생님의 도움이 없었다면 조지의 마음속 깊이 감추어져 있던 '소'는 나오지 못했을 것이다. 아마도 조지 스스로도 알 수 없었던 분노와 좌절, 상처, 고통이 '소'처럼 거대해져 깊이 자리 잡고 있었던 것일지 모른다.

내게 갑작스럽게 분노를 쏟아내던 그 아이도 어쩌면 자기 안의 '고양이', '오리', '돼지'를 꺼내 달라고 요청하는 몸짓이었을지 모른다는 생각이 들었다. 그 아이에게도 분노를 끄집어내어 줄 누군가가 필요했던 것이다. 나는 준비되지 못한 의사였다. 그나마 다행인 것은 이후로 그 아이가 내게 조금씩 마음을 열어 자신의 슬픔, 아픔, 고통을 보여 주었다는 점이다. 아이는 서서히 마음을 열고 또래와도 어울리게 되었다.

아이들이 갑작스런 분노를 쏟아내었을 때 솔직히 지금도 당황스럽다. 그러나 이제는 원인도 모르는 분노의 감정을 고스란히 받아 두려움에 떠는 쓰레기통으로 있지 않으려 한다. 의사 선생님이 조지 안에 있던 크고 작은 동물들을 꺼내 주었듯이 아이들 속에 숨어 있는 상처와 분노의 정체를 알아가기 위해 천천히 조심스럽게 침착하게 끈기 있게 기다리며 도울 수 있어야겠다.

나와 마주하는 질문

- 갑자기 분노를 쏟아내는 아이를 만났을 때 어떻게 해야 할까요?
- 학생이 분노를 표현할 때 정말 표현하고 싶었던 것은 무엇이었을까요?
- 아픔을 가진 아이들의 마음을 깊이 들여다보려면 무엇이 필요할까요?

부모의 과도한 기대에 주눅이 든 아이

『진정한 챔피언』, 파얌 에브라히미 글, 레자 달반드 그림, 모래알

요즘 아이들은 '저는 부모님보다 더 못될 것 같아요.'라고 말한다. 부모의 기대감에 대한 압박감 때문이다. 아이들은 자신이 기대에 미치지 못한다는 생각에 미안해하며 기죽어 한다. 부모님이 나름 성공했다는 집의 아이들일수록 더 심하다. 그래서일까 평가의 시기에 접어들면 부모의 기대감이 아이들을 억누르고 아이들의 긴장감은 더욱 고조되고 예민해진다. 『진정한 챔피언』은 꼭 최고여야만 행복할까, 진정한 챔피언은 누구일까 하는 질문을 던지는 책이다.

15년 전쯤 누가 봐도 '저 모범생이에요. 공부 좀 해요!' 하는 학생이 있었다. 그 아이는 중학교 2학년이었지만 자신의 앞날에 대한 계획이 있고 목표를 향해 한 걸음 한 걸음 다가가고 있는 듯했다. 그 아이가 목표로 하는 고등학교는 수학과 과학의 영재들이 희망하는 학교였다. 물론 그 아이는 부모님의 유전자도 잘 물려받은 듯했다. 엄마가 수학을 얼마나 잘하셨는지에 대한 이야기를 풀어놓으며 엄마를 자랑스러워했으며 아버지의 연구 성과물인 보톡스의 힘을 나에게 열심히 설명하면서 그런 아버지를 둔 것을 자랑스러워했다. 학부모총회에 등장한 어머니 또한 아이의 지금까지의 성적을 전하며 자랑스러워했고 행복해했다. 중학교 2학년이었지만 이미 고등학교 수학을 배우고 있을 만큼 영특한 아이였다.

『진정한 챔피언』은 소파 한쪽 구석에 두 손을 모으고 다소곳이 앉아 있는 주인공 압틴이 표지에 등장한다. 압틴 뒤로는 집안의 챔피언들의 초상화가 '너도 우리 집안사람이라면 챔피언이 되어야 한다.'고 윽박지르는 듯이 내려다보며 액자에 걸려 있다.

주인공 압틴은 집안사람 모두가 스포츠 챔피언인 집안에 태어난다. 하지만 주인공은 운동을 잘하지도 못하고 챔피언이 되고 싶지도 않다. 아버지는 주인공에게 진정한 챔피언이 되어야 한다고 교육시키지만 어떤 가르침도 소용없다. 아버지도 더 이상 안 되겠다는 듯 '우리 집안에 너 같은 아이가 태어나다니 조상님들께 용서를 빌어야겠다.'라고 선언한다. 이렇게 주인공은 어른들과는 다른 꿈을 꾸고 있다.

그림책 속에서 주인공은 시종일관 아버지를 비롯한 집안사람들의 커다란 덩치와는 상대적으로 아주 작게 구석이나 바닥에 그려져 있다. 그리고 그 모습들도 자기가 좋아서 그린 그림을 뒤로 감추거나 두 손을 앞으로 모아 쥐고 기죽어 있다.

하지만 주인공 압틴은 끝까지 가족들을 실망시키고 싶지 않다. 그래서 가족들을 행복하게 만들기 위해 자기가 잘하는 일을 하기 시작한다. 벽에 걸린 근엄하고 결의에 찬 듯한 챔피언 초상화를 모두 행복한 표정으로 바꾸어 놓은 것이다. 주인공은 가족들이 모두 행복해졌다고 믿었지만 정말 그렇게 되었는지는 책으로 확인하길 바란다.

내가 만났던 그 아이는 『진정한 챔피언』에서처럼 '너는 내 자식이니까 이 정도는 해야 해! 나 때는 말이야.' 하면서 한껏 기대하고 있는 부모님의 그물에 갇혀 옴짝달싹할 수 없었다. 아이 스스로도 '나는 우리 부모님 자식이니까 이 정도는 해야 해! 안 그러면 실망하실 거야. 실망하게 해 드리고 싶지 않아.'라며 그물 속에 자신을 가

『진정한 챔피언』

파얌 에브라히미 글, 레자 달반드 그림, 모래알

"넌 우리 집안사람 모두의 자부심이 되어야 해.
트로피도 척척 받아 오고,
금메달도 주렁주렁 목에 걸어야 해."

뒤 놓았다.

　그 아이는 1학기 첫 중간고사에 나보란 듯이 수학을 만점을 받았다. 하지만 이후부터는 꼭 한두 개씩 틀렸다. 긴장해서인지 압박감 때문인지 안타까웠다. 아이의 엄마는 수학 가르치는 일을 하고 있었기에 망쳐 버린 성적표를 내놓을 수 없었던 아이가 선택한 건 거짓말이었다. 당시에는 학급 성적일람표를 띠처럼 오려서 학생들에게 나누어 주며 확인을 시켰다. 아이는 오려진 띠 상단에 과목 이름이 없다는 점을 이용해서 다른 성적을 보여 주었는데, 문제는 방학을 하고 이틀 후에 터졌다. 그때 막 학교에 업무포털시스템이 구축되면서 학부모 서비스가 시작되었다. 나이스 상에서 학부모 접근이 가능해진 상황에 학부모는 생활기록부를 열람하고 담임인 나에게 성적이 틀렸다고 민원을 제기했다. 자신의 아이는 중간 점검에서도, 성적표에서도 100점이었다는 것이다. 학교가 발칵 뒤집혔다. 누구의 실수인가, 시스템의 오류인가 어디서부터 잘못되었는지……. 답안지를 확인하고 또 확인해도 성적에 오류가 없었지만 그 부모님은 받아들이지 않았다. 그러고는 증명이라도 하려는 듯 아들의 성적표를 들고 달려왔다. 자세히 살펴보니 내가 준 성적표와 모양은 같았지만 도장이 빠져 있었다. 그 아이는 성적표를 받아든 방학 날 다른 친구들이 피시방으로, 오락실로, 운동장으로 방학을 즐기러 뛰어나갈 때 오후 내내 피시방에서 성적표를 하나하나 가짜로 만들었다.

상황을 파악한 부모님은 비난에 찬 눈빛으로 아이를 쏘아보았다. 아이의 표정은 마치 숨이 멎은 듯했다. 부모님이 아무 말 없이 아이를 데리고 돌아가는 순간까지 나는 아무 말도 하지 못했다.

난 그 아이를 나무랄 수가 없었다. 하지만 괜찮다고 할 수도 없는 일이었다. 왜냐하면 그 아이 뒤에는 더 큰 산인 부모님이 있었기 때문이다. 벌도, 위로도 없는 교육의 부재였다.

그 아이는 얼마나 힘들었을까. 당시에 나는 그저 나의 실수가 아니었다는 안도감으로 그 아이의 힘든 마음은 살피지 못했다. 그 아이가 얼마나 힘들었는지, 아이를 이 지경까지 몰고 간 부모님 앞에서 힘겹게 버텨왔을 아이의 마음을 전혀 헤아리지 못하는 배려 없는 담임이었다. 하루가 지나고서야 정신을 들었다. 아이가 걱정되기 시작했다. 정말 큰일이라도 칠까 봐 걱정이 되었다. 너무나 자존심이 강한 부모님과 아이가 어떻게 이 문제를 풀어나갈지 끼어들지 못했다. 2학기 개학에 다행히도 그 아이는 돌아와 주었다. 하지만 그 아이는 나를 똑바로 바라보지 못했다. 이야기를 나누기는커녕 눈길조차 피했다. 나도 모른 척하는 것이 그 아이를 위하는 일이라고 생각했다. 이후 그 아이는 시험 때가 되면 더욱 우울해 보였고, 몸까지 아프기 시작했다. 병명은 신경 과민성 대장염이라고 했다. 그냥 모른 척해 주는 것이 도와주는 것이라며 아무것도 하지 않고 편한 대로 해석해 버렸던 나의 행동이 부끄러웠다.

가끔은 희망과 도전을 강요하며 아이들의 어깨를 짓누르는 기대가 아이들에게는 압박감으로 독이 되었을 거라는 생각을 해 본다. 반드시 네가 최고여야 한다고 그래야만 미래 세상에서 살아남을 수 있다고, 미래의 행복이 성적에 있다고 압박하는 어른들의 폭력은 중단되어야 할 텐데…….

요즈음은 가정마다 아이들이 한둘 밖에 되지 않아서일까 아이들은 부모님의 사랑과 기대를 한 몸에 받고 자란다. 그래서 부모의 기대감에 주눅 들어 있는 아이들이 점점 많아지는 듯하다. 교사로서 좀 더 살펴볼 일이다. 성실하지 못한 아이, 혹은 성적과 생활기록부 기록에 대한 지나친 압박감을 가진 아이들 뒤에 자신도 어쩔 수 없는 그 큰 산을 알아차리도록 말이다.

나와 마주하는 질문

- 학생들에게 최고가 되기를 바라며 과한 부담감을 준 적이 있나요?
- 부모의 기대감이 커서 힘들어 하는 학생은 어떻게 지도해야 할까요?
- 부모와 학생 사이에서 교사의 역할은 무엇일까요?

따돌림으로 상처받은 학생에게 건네는 위로

『가만히 들어주었어』, 코리 도어펠드 지음, 북뱅크

학생들이 학교에서 가장 힘들어 하는 문제는 관계에서 발생한다. 학생들의 따돌림으로 마음에 상처를 입은 학생들, 학교폭력의 피해자와 가해자, 그 학생들을 제대로 위로하지 못한 교사도 상처를 받는다. 또 학급에서 따돌림 문제가 발생하면 어쩌나 하는 두려움을 떨쳐 버리지 못하고 있을 때 코리 도어펠드의 『가만히 들어주었어』를 만났다. 성급한 위로보다는 조금씩 다가가며 들어주는 것이 필요함을 알려 주는 책이다.

경력 14년차, 담임으로도 교과 교사로도 자신감이 넘치던 때였다. 반 아이들과도 좋았고 스승의 날에는 "선생님이 제 롤 모델이에요. 나중에 선생님처럼 멋진 커리어우먼이 될 거예요."라고 적힌 편지를 받기도 했다. 수능 기출 지문과 문제 유형은 빠삭하게 꿰고 있었고, 내신과 수능 둘 다 놓치지 않게 하려고 교과 수업 연구에 공을 많이 들였다. 다행히 학생들은 내 수업에 긍정적으로 호응해 주었고 그런 학생들을 위해서 무엇이라도 더 해 주고 싶었다.

문과반에서 내신 성적이 가장 잘 나오는 반을 맡은 해도 말썽을 피워 속 썩이는 학생은 한 명도 없었다. 붙임성 있는 여학생들은 쉬는 시간이면 교무실로 찾아와 조잘조잘 수다를 떨다 갔다. 쾌활하고 배려심 많은 남학생들도 여럿 있어서 교실이 활기차고 즐거웠다. 잘하고 있지만 더 잘하자는 담임의 잔소리도 아이들은 진지하게 들어 주었다. 따뜻하고 정이 많은 학생들이었다. 주변 선생님들은 이런 반을 맡게 되어 좋겠다고 부러워했다.

그런데 2학기 초반쯤 문제가 터졌다. 대학 탐방 체험학습이 있었는데 우리 반에서 딱 한 명이 안 가겠다고 했다. 개학하고 내내 표정이 어두웠던 학생이었다. 예감이 안 좋았다. 역시 따돌림 문제였다.

친하게 지내던 네 명의 친구들이 있었는데 그중 한 명이 떨어져 나와 두 달이 넘게 외톨이로 지냈던 것이다. 학생과 상담을 하고 학부모와도 면담을 진행했다. 학부모는 학교폭력 사안으로 넘겨 달라고 요구했다.

'학폭? 우리 반에서? 말도 안 돼. 왜 이런 일이 생긴 거지?'

내가 담임을 맡은 반에서 학교폭력이 발생했다는 것에 화가 났고, 사실을 인정하고 싶지 않았다. 특별한 추억을 만들어 주고 싶어 기차 여행을 계획해 체험학습도 다녀왔다. 주말이면 같이 봉사활동을 나갔고 학급문집도 만드는 중이었다. 담임으로서 이렇게 공을 들인 적이 없었는데 생각지도 못한 학교폭력이라니 받아들이기 어려웠다. 얼른 해결하고 아무 문제가 없던 때로 돌아가고 싶었.

먼저 세 학생들을 불러 엄하게 혼을 냈다.

"너희 셋이 한 명을 따돌리고 험담을 한 건 분명 잘못된 행동이야. 학폭으로 넘어갈 수 있는 사항이야."

평소 모범적인 학생들이었기 때문에 무섭게 겁을 주면 금세 잘못을 인정할 것이고, 피해 학생에게 사과하면 일이 해결되리라 생각했다.

그런데 그렇지 않았다. 학생들 사이의 골은 깊었고 양쪽 다 억울함을 호소했다.

"그 아이가 먼저 저를 얕보고 무시하는 행동을 했다고요. 그런데도 제가 참았어야 했나요? 저는 그냥 그 아이와 가깝게 지내고 싶지 않을 뿐이에요. 같이 놀지 않은 것도 죄가 되나요? 저희 말을 들어 보지도 않고 가해자로 취급하시다니 정말 너무하세요."

어찌 보면 당연했다. 친구와 친하게 지내다가 싸우고 절교한 경험은 누구나 있지 않은가? 하지만 차가운 눈빛과 원망 섞인 말투로 항변하는 그 학생들의 태도에 나는 몹시 화가 났다. 잘못을 인정하지 않다니 더 실망스럽고 죄질이 나쁘다고 윽박질렀다. 학생들은 울면서 반성문을 썼다.

피해 학생을 불러 상담을 했다. 남은 몇 개월을 한 반에서 지내야 하니 사과하면 받아 주는 게 좋겠다고 하며 화해하기를 권했다. 하지만 두 달이 넘는 시간 동안 신경쇠약에 걸릴 정도로 마음고생이 심했던 터라 화해하기를 거부했다. 자신을 감싸는 나에게 고맙다는 말은커녕 사건을 빨리 마무리 지으려고 그 아이들 편드는 건 아니냐고도 했다. 그 마음이 이해되지 않는 건 아니었지만 답답하고 억울했다.

결국 학부모님들과 학생의 사과를 받는 것으로 마무리가 되었다. 고3을 앞둔 시기였고 학교생활이 일 년 넘게 남아 있었기에 학교폭력 기록이 남는 건 서로가 원치 않았다. 그렇게 우리 반은 다시 평화로워졌다.

하지만 반 학생들도 나도 더 이상 즐겁지 않았다. 사과는 했지만

『가만히 들어주었어』

코리 도어펠드 지음, 북뱅크

토끼는
조금씩, 조금씩 다가왔지.
테일러가 따뜻한 체온을 느낄 때까지.

화해를 한 것은 아니었다. 학생들은 여전히 어색했고, 사건이 진행되는 과정을 지켜본 다른 학생들 사이에도 미묘한 긴장감이 흘렀다. 반 아이들이 담임의 험담을 하고 다닌다는 말도 들려왔다. 담임의 말에 고개를 끄덕이던 아이들의 숫자가 확연히 줄었고 학급 단합을 위한 행사는 추진하지 않게 되었다. 학기 말 제본되어 나온 학급문집 표지에는 화사한 봄날 체험학습에서 찍은 우리 반 단체 사진이 실려 있었다. 활짝 웃고 있는 학생들의 얼굴을 보는데 나도 모르게 눈물이 났다.

이 경험은 몇 년이 지나도록 마음 깊숙한 곳에 숨어 있다가 순간순간 올라왔다. 그 이후로도 담임을 계속했지만 나는 학생들에게 마음을 다 열지 않았다. 학급의 즐거운 일보다는 따돌림이 없어야 한다는 강박관념도 갖게 되었다. 또 그런 일이 발생한다면 어떻게 해야 할까? 학급 내 따돌림은 담임을 하는 내내 해결하지 못한 큰 문제였고 두려움이었다.

그러던 중에 코리 도어펠드의 『가만히 들어주었어』를 만나게 되었다. 누군가로 인해 공 든 탑이 무너졌을 때, 분하고 억울하고 허망한 마음을 위로하는 방법을 알려 주는 것 같았다. 그림책을 한 장 한 장 넘기면서 그때는 교사인 나에게도, 학생들에게도 진심 어린 위로가 필요했다는 걸 깨달았다. 교사인 내가 어른으로서 그 아이들의 상처받은 마음을 어루만지고 진심으로 위로해 주었다면 더 나은 결과가 있지 않았을까 하는 뒤늦은 후회도 따라왔다.

『가만히 들어주었어』의 테일러는 정성을 들여 아주 새롭고 특별하며 놀라운 무언가를 만든다. 그런데 갑자기 새들이 날아와 그 무언가는 형체도 없이 무너져 버린다. 나와 학생들은 혹시 같은 상처를 받은 게 아니었을까? 담임인 나는 한 학기 내내 공들인 학급 경영이 무너졌고, 학생들은 애써 만든 친구 관계가 무너진 것이었다.

학교에 있다 보면 공부보다는 친구 관계에서 스트레스를 받는 학생을 훨씬 더 자주 만나게 된다. 인간관계가 노력한다고 되는 것이 아님을 알고 있지만, 교사들은 그 사실을 망각하고 쉽게 말하곤 한다.

"네가 먼저 다가가면 그 친구도 마음을 열어 줄 거야. 노력해 봐."

그때 내가 그랬다. 학생들의 속상한 마음은 가볍게 여기고 내 탑이 무너진 분함과 억울함을 더 크게 생각했던 것 같다. 그런 마음으로 하는 상담이었으니 학생들의 마음이 움직일 리가 없었다.

『가만히 들어주었어』에서는 상심한 테일러를 위로하기 위해 여러 동물이 다가와 자기만의 방식으로 위로를 전한다. 자초지종을 말해 보라고 하고, 화난 만큼 크게 소리를 지르라고도 한다. 원래대로 고쳐 주겠다고 하고, 없던 일처럼 웃어넘기라고도 한다. 하지만 그 어떤 말도 테일러에게 위로가 되지 못한다. 이 동물들에게서 나의 모습이 겹쳐 보였다. "왜 그랬어? 무슨 마음으로 그랬던 거야? 솔직하게 말해 봐.", "앞으로도 계속 한 교실에서 얼굴 봐야 하는데 어서 화해하는 게 널 위해서도 좋지 않겠니?"라는 담임의 이기적인 말에 학생들은 더 입을 다물고 상처를 받았을 것이다. 학생의 아픔보다 자신을 먼저 생각했던 미성숙함이 너무나 부끄러웠다. 돌아갈 수만 있다면 그 학생들에게 진심으로 사과하고 최선의 위로를 전하고 싶었다.

다시 그런 상황과 마주한다면 내가 어떻게 해야 할지 그림책에서 답을 찾을 수 있었다. 위로는 나 혼자서 할 수 있는 것이 아니었다. 성급하게 일으키려 하지 말고 상처받은 학생이 스스로 일어설 수 있도록 기다리고 세심하게 지켜봐 주며 따뜻한 지지를 보내 주어야 한다. 학생들은 자신의 '때'에 자신이 말하고 싶은 '방식'으로 도움을 요청할 것이고 교사는 그에 맞추어 반응하면 된다. 교사는 만능이 아니기에 문제를 다 해결할 수 없다. 그저 학생의 곁을 지키며 지지해 주는 것이 교사의 몫인 것이다.

나와 마주하는 질문

- 학급에 따돌림 문제가 생겼을 때 어떤 감정이 먼저 떠올랐나요?
- 가해학생과 피해학생을 대할 때 교사는 어떤 모습이어야 할까요?
- 따돌림 문제는 어떻게 해결해야 할까요?

자기주장이 강한 학생을 어떻게 해야 하나요?

『눈을 감아 보렴!』, 빅토리아 페레스 에스크리바 글,
클라우디아 라누치 그림, 한울림스페셜

학급에는 한두 명쯤 자기주장이 너무 강한 학생이 있다. 자신의 마음대로만 하려고 하는 이런 학생들은 선생님을 힘들게 하는 학생 유형이다. 이런 아이들은 다른 사람들이 피해를 받는 것은 크게 중요하지 않은 듯 행동한다. 수업시간에도 그 외 시간에도 자신의 할 말을 다 하면서, 자신이 해야 하는 일들은 중요하게 여기지 않는다. 그런데 시각장애가 있는 형을 이해하게 되는 『눈을 감아 보렴!』을 읽은 뒤 교사의 눈이 아닌 다른 눈으로 그 학생을 바라보게 되자 나의 말과 행동에 큰 변화가 생겼다.

내가 맡았던 반의 한 학생은 1학년 때부터 폭력적인 아이로 유명했다. 학교에서 자신의 뜻대로 되지 않으면 친구들을 때리거나 선생님께 반항했다. 폭력적인 말과 행동이 이어지면서, 상담 치료도 받았고 5학년까지 정신과 약물을 복용했다. 또한, 집에서는 양말 개는 것, 씻는 것 등 작은 것 하나하나 지시하는 어머니와 엄청난 갈등이 있었다. 교사가 어머니와 상담할 때도 학생의 어머니는 정말 키우기 힘들고, 문제가 많은 아이라고 표현했다. 그런데 가만히 살펴보니 학생의 마음속엔 어머니를 향한 분노가 있었다. 수업 시간에도 드러날 정도였다.

"엄마는 이상해요. 맨날 뭘 해도 안 된대요. 그리고 자꾸 화내요."

이 학생이 4학년 때 아이에게 화를 참지 못했던 50대 남자 선생님이 좌절을 느끼고 명예퇴직을 선택했다. 그런 아이를 맡게 되자 다른 선생님들이 나에게 위로의 말을 전하기 바빴다.

수업시간에 집중하기 어려워했고, 특히 자신이 싫어하는 영어 수업시간에는 더욱 집중을 못 했다. 혼자 그림이라도 그리면서 조용히 있거나, 듣는 척이라도 하면 모르는 척 넘어갈 텐데, 책 귀퉁이를 찢어 뭉쳐서 옆 모둠의 친구에게 던지거나 짝에게 끊임없이 말

『눈을 감아 보렴!』

빅토리아 페레스 에스크리바 글, 클라우디아 라누치 그림, 한울림스페셜

"엄마, 난 형에게 설명해 주려고 하는데,
형이 내 말을 잘 듣지 않아요!"
"아마 형에게도 이유가 있을 거야."

"그럼 눈을 감아 보렴!"

을 걸었다. 그러다가 자신의 흥미를 끄는 단어가 나오면 갑자기 그 단어를 이용해서 엉뚱한 질문을 하며 다른 아이들을 웃겼다. 참다가 조용히 하라고 지적하면, "선생님 ○○도 떠들었는데 왜 저한테만 그러세요?"라고 오히려 따졌다. 선생님이 더 화를 내도, 수그러들기는커녕 거세게 반항을 했다. 한번은 참다 참다가 수업 중간에 큰 소리로 화를 냈는데 이후로 내 지시를 무시하는 일이 늘어났다. 수업 시간에 집중하는 것은 기대도 하지 않았다. 최소한 수업 시간에 방해하지만 않았으면 좋겠다고 생각했다. 정당한 지적을 하면, 어느 정도 받아들이고 문제 행동을 멈추었으면 좋겠다고 말이다.

그러던 중 『눈을 감아 보렴!』을 만났다. 검은색 배경에 무지개 색의 선들이 신비로워서 별 생각 없이 집어 들었던 책이 나의 인생 그림책이 되었다.

『눈을 감아 보렴!』에서는 동생과 형의 말다툼이 계속 이어진다. 같은 사물을 가지고 서로 너무도 다른 이야기를 한다. 동생은 나무를 보고 '잎사귀가 많이 달린 키가 무지 큰 식물'이라고 하지만 형은 '땅에서 뻗어 나와 노래하는 무지 큰 막대기'라고 한다. 동생은 전구를 보고 '빛을 밝혀 주는 물건'이라고 하지만, 형은 '부드럽지만 정말 뜨겁고 조그만 공, 만지면 안 되는 것'이라고 한다. 동생은 형에게 설명해 주려고 몇 번을 더 시도하다 실패를 거듭하고, 엄마에게 울면서 달려갔다. 하지만 엄마는 '눈을 감아 보라'고 말한다. 형은 눈이 보이지 않기에 촉각, 청각 등의 감각으로 사물을 이해했지만, 동생은 시각을 활용해서 설명을 하니 소통이 되지 않았던 것이다.

『눈을 감아 보렴!』을 통해 나는 학생의 입장에서 학교생활, 수업 시간, 친구 관계 등을 바라보기 시작했다. 이 학생은 학교생활, 수업 시간, 친구관계를 어떻게 생각하고 받아들일까 생각하며 아이를 바라보았다.

그러자 보이지 않던 것들이 새롭게 보이기 시작했다. 교사의 입장에서는 학생의 말과 행동을 판단하고 평가했었는데 교사의 입장을 버리니 관찰이 가능해졌다. 학생의 말과 행동을 관찰하고, 학생에게 그것이 어떤 의미인지를 살펴보았다. 그리고 교사 또는 어른의 시각으로 학생의 생각과 행동을 판단했음을 깨닫게 되었다.

집중력이 부족한 그 학생은 좋아하는 영화 '어벤져스'의 장면 일부를 보여 주자 무섭게 집중했다. 레고 블럭과 관련된 내용에도 눈을 반짝였다. 자신이 관심 있는 것은 엄청나게 집중하는 한편, 관심 없는 것은 신경을 안 쓸 뿐이었다. 또한 자신이 왜 하는지 모르면 아주 간단한 일이라도 하기 싫어했지만, 이유를 이해하면 엄청 성실하게 한다는 것을 알게 되었다. 이 학생은 자신이 수업시간에 왜 공부를 하는지 스스로 답을 내리기 어려워했을 뿐이고, 자신이 좋아하는 주제로 삶의 여러 부분과 연결시키지 못했을 뿐이었다.

'여태껏 이 아이가 무엇에 관심이 있고, 무엇을 잘하는지 알아보

려고 하지 않았구나.'

잘못한 일에 사과를 안 하는 행동도 관찰했다. 항상 사과를 안 하고 버티는 것이 아니었다. 화를 낸 이유가 정당하다고 생각하면 사과를 하지 않았지만 반대로 상대의 입장을 이해하고 납득이 되면 흔쾌히 사과했다. 그다음부터는 그 학생이 어느 부분에서 기분이 나빴는지 묻고, 상대방의 의도와 맥락을 천천히 설명해 주게 되었다.

과연 이 학생이 '문제 학생'이었던 것일까? 아니면 이 학생의 입장에서 살펴보려고 하지 않았던 어른들의 문제였을까? 문제 학생이라고 낙인을 찍으면, 앞으로 이 아이가 하는 말과 행동은 모두 문제가 될 것이다.

'일부러 문제를 만들고 싶어 하는 사람이 있을까?'

이 학생도 문제를 일부러 만들기는 싫을 텐데, 나름 노력을 했을 텐데, 결과가 문제로 드러났을 뿐이라는 생각이 들었다.

『눈을 감아 보렴!』에서는 눈을 감아야 형을 이해할 수 있다고 한다. 이 책은 나에게 학생 입장에서 바라보라고 말하는 듯했다. 그러자 전혀 볼 수 없었던 것들이 보였다. 그리고 자연스럽게 나의 말과 행동이 달라졌다.

나는 이 학생이 좋아하는 주제를 수업에 활용할 수 있도록 했다. 주장하는 글쓰기는 '다른 영화보다 어벤져스가 재미있다.'라는 주제로 쓰게 했으며 기행문 쓰기도 좋아하는 영화관을 다녀오고 쓰도록 했다. 미술 시간에는 레고를 보고 그리는 등 변화를 주었다. 자신이 좋아하는 주제로 수업시간에 참여하도록 하니 그 누구보다 집중하는 모습을 보였다. 집중을 하니 딴짓이 줄었고, 혼날 일도 자연스럽게 줄어들었다.

그리고 이 학생을 바라보는 시각을 바꾸게 되었다. 얼마나 완성도 있는 과제를 했는가가 아니라, 얼마나 '자신만의 생각'을 드러냈는가로 바꾸었다. 그랬더니 완성도가 떨어지는 과제에서도 자신의 아이디어를 인정받을 수 있게 되었다. 이후 그 학생은 나의 지적을 듣기 시작했다.

"이전에는 선생님 말에 화를 냈는데, 지금은 왜 안 그래?"

학생의 달라진 태도가 궁금해서 물었더니 돌아오는 대답이 나를 뭉클하게 했다.

"선생님은 절 이해하시잖아요."

이후 이 학생의 변화를 반 아이들도 느꼈다. 특히 지난해에 같은 반이 되었던 학생들은 확실히 느꼈다. "4학년 때는 ○○ 때문에 힘들었거든요. 그래서 같은 반이 되었다길래 너무 슬펐어요. 그런데 지금은 안 그래요. 지금도 힘든 부분은 있지만, 우리를 웃겨 주고 수업을 재밌게 만들기도 해요."

이 변화는 주변 선생님들도 느꼈다.

"○○의 얼굴이 변했어요. 작년에는 거의 찡그린 얼굴로 다녔는데, 올해는 되게 개구진 얼굴이에요. 작년에는 봐도 그냥 지나치기 바빴는데, 올해는 웃으며 인사도 잘해요."

좋은 사람의 뜻은 사람마다 다르다. 누구에게는 나를 칭찬해 주는 사람이며, 누구에게는 내 마음을 공감해 주는 사람이며, 누구에게는 내 생각에 집중해 주는 사람이며, 누구에게는 나와 함께 놀아 주는 사람이다. 혼자 있을 때 에너지를 얻는 사람에게 놀자고 조른다면 그 사람은 더욱 지칠 것이다. 상대방에게 좋은 사람이 되고 싶다면, 상대방이 누구인지 나와 어떻게 다른지 무엇을 원하는지부터 알아야 한다. 그렇기 위해서는 상대방의 시선으로 바라볼 필요가 있다. 그 방법을 알고 싶다면 『눈을 감아 보렴!』이 도와줄 것이다.

나와 마주하는 질문

- 자기주장이 강해서 힘들게 하는 학생이 있나요?
- 학생의 문제 행동은 구체적으로 어떤 것이 있을까요?
- 학생의 문제 행동에서 그 학생이 '표현한 것'이 아니라 '원하는 것'은 어떤 것인가요?
- 문제 행동을 보이는 학생에게 어떤 도움이 필요할까요?

학생들의 평가에 자존감이 떨어져요

『난 그냥 나야』, 김규정 지음, 바람의아이들

학생들은 해마다 다른 담임교사를 만나고 교사들도 해마다 새로운 학생들을 만난다. 학년이 올라갈수록 학생들은 학교생활에 익숙해지고 비판 의식도 생겨 나름의 기준으로 교사들을 비교하고 평가한다. 그런 학생들의 불평과 비판에 자존감이 떨어져 힘들 때가 있었다. 『난 그냥 나야』는 학생들을 있는 그대로 인정하고 온전한 나를 존중하게 한 책이다.

담임을 하다 보면 작년 혹은 옆반 담임교사와 나를 비교하는 학생들을 종종 만나게 된다. 내가 근무한 한 학교에서는 새 학기 첫날 전교생 앞에서 학급 담임을 발표했다. 담임교사의 이름이 발표될 때마다 기쁨의 함성이 쏟아지기도 하고, 실망의 한탄이 터져 나오기도 했다. 그날의 함성과 한숨 소리는 담임들을 인기로 줄 세우는 것만 같았다. 입학식을 보기 위해 온 학부모들도 있는 터라 영 기분이 좋지 않았다.

내가 맡은 반에는 전년도에 같은 반이었던 학생들이 다수 모여 있었다. 학생들은 수시로 작년 담임교사와 나를 비교하며 학급을 운영하는 내 방식에 이의를 제기했다. 작년에는 종례를 먼저 하고 청소 담당인 학생들만 남았는데 왜 올해는 청소하고 종례를 해서 모두를 집에 늦게 보내 주느냐, 작년 담임선생님은 시험 전날 초콜릿을 주셨는데 선생님은 왜 안 주시냐, 작년 담임선생님은 웬만한 잘못은 눈감아 주었는데 왜 선생님은 시시콜콜 부모님에게 전화해서 혼나게 만드느냐 등 비교는 끊임이 없었다.

사실 작년 담임선생님을 모르는 것도 아니었다. 종례 시간 학생들이 우르르 나가 버린 교실에서 혼자 청소하는 모습을 본 것도 몇

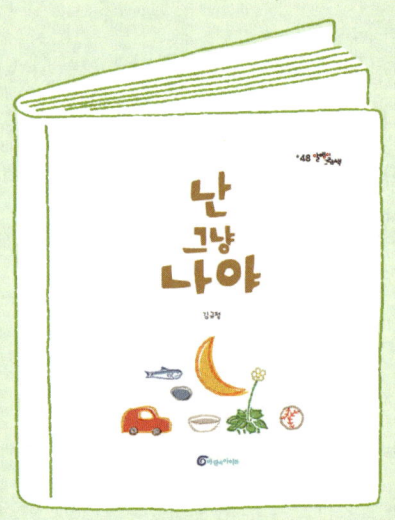

『난 그냥 나야』

김규정 지음, 바람의아이들

작은 꽃이 큰 나무가 되기 위해 있는 게 아닌 것처럼.
나도 학교에 가기 위해 태어난 게 아니야.
어른이 되기 위해 태어나지도 않았어.
난 그냥 나야.

차례나 있었다. 지각생도 가장 많고 수업 분위기도 엉망이라고 교사들의 입방아에 오르내렸던 반이었다. 그렇게 무질서했던 학급에서 제멋대로 지내다가 깐깐한 담임을 만나 적응하려니 힘들겠지 하고 무심히 넘겼다. 학생들의 불평은 계속되었지만 나는 나대로의 방식을 고집했고 갈등은 조금씩 깊어졌다.

이대로는 안 되겠다 싶어 한 명씩 불러 상담을 시작했다. 허용적인 성향의 담임과 깐깐한 담임이 학급을 운영하는 방식의 차이니까 너희가 적응해야 한다고 학생들을 설득할 생각이었다. 그런데 학생들의 저항은 예상보다 거셌다.

"작년 담임선생님은 아빠 같았어요. 우리를 정말 사랑해 줬다고요. 그런데 선생님은 너무 냉정해요. 우리를 괴롭히려는 것 같아요."

학생들에게는 아니라고 하며 나의 원칙과 의도를 설명했지만, 머릿속은 몹시 혼란스러웠다. 나는 좋지 못한 담임인가? 나는 정말 학생들에게 애정이 없는 교사인가? 하는 자책이 가슴 깊이 박혀 버렸다. 이후로 상담 연수를 듣고, 학급운영에 탁월한 동료 교사의 비법을 따라 하기도 하며 나름대로 노력했다.

『난 그냥 나야』는 나처럼 누군가와의 비교 때문에 지금 모습 그대로 충분한 자신을 깨닫지 못한 이들을 위한 이야기이다. 작가는 초승달은 보름달이 되기 위해 있는 것은 아니고, 조약돌이 바위가 되기 위해 있는 것이 아닌 것처럼 모든 존재는 그 자체로 가치를 존중받아야 한다고 말한다. 초승달은 보름달처럼 밝지 않지만 비할 수 없는 아름다움을 가지고 있다. 큰 나무에 핀 꽃도 화려하지만 작은 들꽃 한 송이도 더없이 아름답다. 작건 크건 간에 모든 존재는 그 고유함으로 소중하다.

학교에는 담임교사의 수만큼 다양한 학급 운영 방식이 존재한다. 그 방식은 모두의 칭찬을 받을 만큼 화려할 수도 있고, 있는 듯 없는 듯 잔잔할 수도 있다. 교사 개인의 성향에 따라 학급을 운영하는 방식이 다른 것이고, 그 방식은 모두 존중받을 가치가 있음을 『난 그냥 나야』를 읽으며 깨달을 수 있었다.

그리 많은 경력은 아니지만 지난 학교생활을 돌아보니 항상 잘하는 담임은 없고, 모든 학생에게 완벽한 담임도 없었다. 원칙을 강조하는 나 같은 담임은 활동적이고 자유분방한 학생에게는 잔소리꾼일 뿐이지만, 조용하고 소심한 학생에게는 안전한 공간을 제공해 주는 좋은 담임이기도 했다. 경력이 쌓일수록 아이들의 성향을 빨리 파악하고 노련하게 지도할 수 있었지만, 학생들을 향한 열정과 사랑은 신규 교사만 못할 때도 있었다.

중국의 사상가 장자는 오리 다리가 짧다고 늘이면 오히려 근심이 생기고, 학의 다리가 길다고 자르면 슬퍼하게 되니 외부의 기준으로 본성을 재단하지 말라고 말했다. 다른 교사와 비교할 때는 내가 부족해 보일 수 있지만 그렇다고 나만의 방식을 버리고 남의 기준에 맞추려고 한다면 내가 가진 장점은 사라져 또 다른 걱정거리가 생길 수 있다. 학급운영에 자신만의 교육철학을 담고 그것을 실현해 가는 것에 집중한다면 학생들의 비교에 일희일비하지 않을 수 있다.

『난 그냥 나야』는 학생의 입장에서도 생각해 보게 했다. 이야기의 뒷부분에는 한 아이가 나온다. 아이는 가방을 들어 책과 학용품을 탈탈 털어내고, 거추장스러운 옷가지와 장신구를 벗어 던지며 "나도 학교에 가기 위해 태어난 게 아니야."라고 말한다.

6~7시간 동안 비좁은 교실에서 시간마다 각기 다른 교사들의 기준에 맞춰 생활해야 하는 학생들은 얼마나 숨이 막힐까? 그런데 나는 내 기준에 맞춰 착한 아이, 나쁜 아이로 평가해 줄 세웠다. 새 학년 담임반을 정할 때는 학급 명단을 분석하며 더 좋은 반 맡기를 간절히 바랐고, 문제가 많은 반을 맡았을 때는 몹시 우울해졌다. 그렇게 학교생활을 한 아이들이니 교사를 비교하는 건 어찌 보면 당연한 일이었다.

요즘은 가끔 수업 들어가는 반 학생들이 "선생님이 우리 반 담임 해 주면 안 돼요?"라고 말할 때가 있다. 예전 같았으면 속으로 엄청 좋아했겠지만, 이제는 "무슨 소리야, 너희 담임선생님이 너희를 얼마나 생각하시는데." 하며 다시는 그런 소리 하지 말라고 타이른다. 그 학생의 순간적인 감정에서 나온 말이라는 걸 알기 때문이고, 그

반 담임교사의 노고가 크다는 것을 짐작하기 때문이다. 하지만 여전히 교사들 사이에서 어느 반은 담임이 아이들을 잘 관리하는데 어느 반은 애들이 담임을 싫어한다더라 하는 뒷말이 너무 자주 오고 간다. 비교의 문화가 학교에 얼마나 깊숙이 자리 잡고 있는지 반성하게 하는 지점이다. 교사는 수업을 통해 학생들의 삶과 만나는 사람이다. 교사가 어떤 가치관과 사고방식을 가지고 살아가는지 말하지 않아도 학생들에게 고스란히 전달되니 조심해야 한다.

  나는 이제 인기 있는 담임교사가 되려고 애쓰지 않는다. 다만 우리 반 학생들이 바르게 성장하기를 바라고 그것을 지원하는 나만의 방식이 가치 있다고 믿는다. 그래서 학기 초에 편지로, 상담으로 내 생각을 전달하고 학생들과 눈높이를 맞추어 조율하는 과정을 거친다. 그리고 몹시 어렵지만 학생들을 내 기준으로 비교하고 평가하지 않으려 노력 중이다. 여전히 같은 학년 담임 중에는 외모가 뛰어나거나, 천사처럼 착하거나, 유머 감각이 뛰어난 교사가 있다. 학생들은 그들과 나를 비교하지만 나는 더 이상 그것 때문에 속상해하지 않는다. 나 스스로가 비교의 잣대를 내려놓으니 학급 아이들을 대할 때도 한결 편안해졌다. 오히려 예전에는 감췄던 나의 단점이나 실수도 솔직하게 말하게 되었다. 그랬더니 학생들도 조금 더 가까이 다가오는 것 같았다.

  『난 그냥 나야』의 마지막에는 자유로운 옷차림에 편안한 얼굴을 한 아이가 앞서 나왔던 작은 것들과 함께 춤을 추며 이렇게 말한다.

"난 그냥 나야. 네가 그냥 너인 것처럼."

어른이 되기 위해 어린이가 존재하는 건 아니듯이, 완벽한 담임이 되기 위해 지금의 내가 존재하는 것은 아니다. 더 나은 담임, 그리고 교사가 되기 위해 계속 노력하겠지만 그렇다고 지금의 내가 미완성의 부족한 존재는 아닌 것이다. 지금 밤하늘에 빛나는 초승달처럼 모든 순간의 '나'는 그 자체로 온전하다.

나와 마주하는 질문

- 학생들로부터 다른 교사와 비교당할 때 어떤 기분이 드나요?
- 나는 다른 교사와 다른 어떤 강점이 있으신가요?
- 자신의 약점보다 강점을 보려면 무엇이 필요할까요?

공부가 의미 없다는 아이들을 가르치려면

『'문제'로 무엇을 할 수 있을까?』, 코비 야마다 글, 매 베솜 그림, 주니어예벗

교사라면 누구나 수업에서만큼은 인정받고 싶어 한다. 자신의 교과만큼은 잘 가르친다고 인정받고자 하는 욕심이 있다. 그것은 당연한 본분이기도 하다. 그러나 어떤 상황에서는 그것조차 내려놓아야 할 때가 있다. 학교에 오는 것만도 다행인 아이들을 많이 만났다. 지식 하나를 더 가르치기보다 상처입은 마음을 어루만져 주고, 따뜻하게 바라봐 주고, 기다려 주는 한 사람이 필요한 아이들을 만났다. 수업 잘하는 교사로 인정받고자 하는 욕심을 내려놓고 아이들을 있는 그대로 바라보기 시작했을 때 『'문제'로 무엇을 할 수 있을까?』는 내가 틀리지 않았음을 지지해 준 책이다.

첫 발령이 특성화고등학교였고 이후 공교롭게도 발령을 받는 학교마다 신설 고등학교였다. 신설 1년차, 2년차 학교를 무려 4번이나 거치면서 드는 생각은 '전생에 나는 무슨 죄를 지었을까?', '혹시 내가 신설고교 전담으로 낙인 찍힌 것일까?'였다. 그런데 알고 보니 초빙교사로 가지 않는 한, 사회라는 교과 내에서 이동 가능한 자리가 그다지 많지 않고, 같은 교육청이 아닌 다른 지역교육청 소속으로 이동시 신설교에 배정될 확률이 높다는 것을 10년이 훌쩍 지나고서야 알게 되었다. 인사 이동이나 행정, 보직 등에 대해서는 애초에 관심을 두지 않은 내 탓도 컸었.

고교비평준화 지역에서 신설 일반고등학교는 학습보다 기본 생활지도가 더 난제였다. 출결도 들쑥날쑥, 별의별 학교폭력, 교권 침해 등 날마다 학생 관련 사안이 끊이지 않았다. 면학 분위기 조성이라든가 좋은 대학에 가야 한다는 말은 아이들에게 먹히지 않았다. 수업 때 제자리에 앉아 있는 학생이나 교사 지시에 순응하는 아이들은 찾아보기 어려웠다. 교실에 들어가면 35명의 아이들 중 절반이 장난을 치며 돌아다니고 책걸상은 여기저기 흩어져 있고 대화는 대부분 욕설이었다. 교과서는 으레 없었고, 정성껏 제작한 활동

『"문제"로 무엇을 할 수 있을까?』

코비 야마다 글, 매 베솜 그림, 주니어예벗

나는 '문제'를 조금 다르게 볼 수 있게 되었어요.
더 이상 무섭지 않아요.

지도 던져 버리며 귀찮아했다. 성적이나 평가에 신경을 쓰고 공부하려는 아이는 전교에서 손꼽을 정도였다. "저는 대학 안 가요.", "저는 이 과목 선택 안 할 거니까 똑바로 앉으라거나 수업 들으라고 하지 마세요."라며 선수를 친다. 나는 무능한 교사였다. 공부가 의미 없다고 온몸으로 보여 주는 아이들 앞에서 삶으로 연결되지 않는 지식을 가르치려 했던 당시의 내 수업은 무너졌다. 아이들이 왜 공부하려 하지 않는지, 왜 포기하고 꿈조차 꾸지 않는지, 학습동기의 부재가 무엇인지 원인도 모른 채 교단 앞에 서 있는 나 자신을 바라보면서 무엇을 어떻게 해야 할지 몰라 허우적거렸다.

『'문제'로 무엇을 할 수 있을까?』는 살아가며 수많은 도전과 시련에 마주치는, 끊임없이 따라다니는 문제를 보며 도통 어떻게 해야 할지 모르는 한 아이를 통해 문제투성이인 삶을 대하는 태도와 자세에 질문을 던지는 책이다. 인생살이에서 누구나 크고 작은 문제에 부딪힌다. 사람들과의 관계 문제, 재정이나 건강 문제, 가정과 일 등 수많은 문제를 맞닥뜨리게 된다. 문제를 쫓아내기 위해 팔을 휘휘 젓기도 하고 싫어서 도망치기도 하고 무시해 보기도 하지만 모두 소용없다. 자신이 감당하기에 너무 큰 문제를 만났을 때 걱정되고 두렵기도 하고 가진 것조차 빼앗길까 초조해한다. 그러나 '문제'는 걱정한다고 해결되지 않는다. 오히려 걱정하면 할수록 더 커지고 문제를 회피하고 사라지기를 바랄수록 해결 방법은 떠오르지 않는다. 그 문제가 나를 더 짓누르기만 할 뿐이다.

수업 시간에 이러지도 저러지도 못하던 중, 나는 내가 의도했던 수업 방식을 내려놓고 아이들을 찬찬히 관찰하기 시작했다. 수업에서, 교무실에서, 복도에서, 급식실에서 만나는 아이들을 자세히 들여다보기 시작했다. 도저히 납득되지 않던 돌출행동들을 다른 관점으로 바라보기 시작했다. 담임을 맡은 반 아이들은 가정환경이 먼저 보였다. 징계인지 학대인지 모를 폭력적 가정환경에서 울고 있는 아이들이 보였다. 기초수급자와 차상위 계층 경계선에서 정부가 주는 혜택을 교묘하게 비켜 가는 바람에 아르바이트를 하며 스스로를 챙겨야 하는 아이, 수학여행비가 없어서 못 가는 상황에서 다른 핑계를 대며 가기 싫다고 말하는 아이, 버스비가 없어서 아침마다 1시간 이상을 걸어서 등교하는 아이, 초등학교 저학년 때 심하게 왕따를 당한 뒤로 누구와도 눈을 마주치지 않고 말도 하지 않는 아이, 부모님의 이혼으로 친할머니와 함께 사는 아이, 생계를 위해 지방을 다니시며 일해야 하는 아버지로 인해 두 살 위인 언니와 단둘이 생활하는 아이들이 보였다. 그러자 아이들의 좁아진 등과 뒷모습에 눈물이 났다.

고등학교 1학년 담임을 맡았을 때 지각과 결석이 많아서 법정 출석일수만 겨우 채우고 2학년으로 진급시킨 아이가 있었다. 그 아이는 무사히 졸업을 했는데, 졸업식을 앞두고 나를 찾아왔다.

"고1 때 결석이 잦은데도 선생님이 네게 채근하지 않았잖아? 담임이 너무 무심하다고 생각하진 않았니?"

이렇게 묻자 그 아이는 오히려 내게 고마웠다고 했다.

"선생님이 만약 심하게 나무라시고 다그치셨다면 저는 고1 때 학교를 그만두었을 거예요. 오랜 부모님 불화와 이혼으로 세상이 싫었고 어떤 것도 하고 싶지 않았어요. 제가 어쩌다 학교에 왔을 때 선생님이 그냥 바라봐 주시고 혼내지 않고 기다려 주셔서 학교를 포기하지 않고 다닐 수 있었어요."

어떤 아이들은 공교육과 사교육으로 학업에 지쳤다고 말하지만, 내가 만난 아이들은 10대에 짊어진 삶의 무게가 결코 가볍지 않았다. '그나마 이 아이들이 학교에 나오는 것도 참 다행이다.'라고 생각할 지경이었다. '학교에 와서 또래 만나고 점심도 챙겨 먹고, 가끔 선생님들께 꾸지람도 듣지만 어리광도 부리며 성장할 수 있는 것이 다행이지 않을까?' 지각을 하더라도 "왔구나! 혹시 늦게 일어나더라도 꼭 학교에 와라!"라며 교실이나 복도에서 마주치면 눈으로라도 웃어 주고, 머리 한 번 쓰다듬어 주었다. "틀려도 괜찮아, 수업에서 아무 질문이라도 해도 괜찮아!"라고 말해 주었다.

교사로서 아이들에게 뭔가를 '해 주는 것'도 물론 중요하지만 어떤 경우에는 '하지 않음'이 더 지혜로울 수 있다는 것, 즉 부작위(不作爲)가 필요할 때도 있다는 것을 알게 되었다. 당시 내가 만난 아이들에게 학교가 숨을 쉴 수 있는 곳, 마음이 편한 곳, 마음으로 맞아주는 교사 한 명쯤 있는 곳이면 괜찮지 않을까 하는 생각을 하게 되었다.

지역을 옮길 때마다 학교를 옮길 때마다 나는 무엇보다도 먼저 아이들을 관찰한다. 요즘도 수업에서 공부가 의미 없다고 하는 아이들을 만날 때가 있다. 보이는 행동에만 초점을 맞추지 않고 그 아이가 말하지 않는 것, 말로 하지 않지만 온몸으로 하는 언어들을 세심하게 보려고 애를 쓰게 되었다. '혹시 어디가 아픈 걸까? 왜 저런 말을 할까? 무슨 문제일까? 어떤 어려움이 있나?' 그들의 행동과 눈빛, 표현 속에 문제의 단서가 있을지도 모른다. 아이들과 함께 나도 한 걸음 더 성장할 수 있는 열쇠가 그 '문제' 안에 있을지도 모른다.

나와 마주하는 질문

- 생활지도가 어려운 학생들을 만난 적이 있나요?
- 학생을 문제아로 단정 짓고 피하지는 않았나요?
- 문제 상황을 어떻게 해결할 수 있을까요?

학생들에게 서운한 마음을 가지지 않기

『나는 지하철입니다』, 김효은 지음, 문학동네

일 년 동안 출결 챙기느라 아침에 전화해서 잠도 깨우고, 이런저런 상담도 해 주고, 지친 학교생활에 자그마한 활력이라도 주고자 사비로 간식도 사 먹이고, 나름 재미난 이벤트도 해 줬는데……. 학년이 올라가고, 졸업 후에 안부 문자 한 통 없을 때 내심 서운한 마음이 생기는 건 어쩔 수 없다. 『나는 지하철입니다』는 그런 나의 서운함이 어디에서 출발하는지, 어떻게 해야 내가 그 마음을 내려놓을 수 있는지를 알려 준 책이다.

스승의 날이 되면 모든 방송매체에서 스승의 고마움에 대해서 이런저런 말들이 많다. 하지만 정작 교사로서 이날 학교에 가는 길이 그리 즐겁지만은 않다. 언제부터인가 학생들에게 꽃 한 송이 받는 것도 눈치를 봐야 하기 때문이다. 형식적인 꽃다발과 이 반 저 반 경쟁이나 하듯 울려 퍼지는 스승의 은혜 노래에 큰 의미를 두지는 않으려고 했다.

나는 담임을 맡게 되면 그날부터 그 아이들의 부모라 생각했다. 학교에 있는 동안만이라도 건강하게 즐겁게 시간을 보냈으면 하는 마음에 가장 신경 쓰는 부분이 청소였다. 교탁 밑, 칠판 위 등 잘 보이지 않는 교실 구석구석을 청소해 깨끗한 환경에서 공부하기를 바랐다. 하지만 내 자식이 그렇듯 학생들도 내 맘에 쏙 들게 청소를 하지는 못했다. 그래서 나머지 청소는 늘 나의 몫이었다. 빗자루와 걸레를 들고 청소시간이면 함께 청소를 했다.

그다음은 학생 상담이었다. 학업에 대한 상담은 기본이고 친구들과의 다툼, 부모님과의 원만하지 못한 관계 등 신경 써야 할 문제가 한두 가지가 아니었다. 그럼에도 불구하고 다른 담임보다 한 번이라도 더 교실을 둘러보고 한 마디라도 더 대화를 나누려고 했다.

그러면서 모의고사나 정규시험 때는 꼭 간식을 준비했다. 당도 보충하고 기분 좋게 시험도 잘 보기를 바라는 마음에서였다. 수학 능력 시험 전에는 합격을 기원하며 정성껏 쓴 카드와 함께 떡을 준비했다. 이런 일도 사실 다른 반 담임들의 눈치가 보였다. 그래도 꿋꿋이 이 일을 계속해 나갔다. 무엇보다 아이들의 행복이 1순위였기 때문이었다.

반 대항 경기가 있을 때 짜장면을 상품으로 걸면 우리 반 아이들이 우승을 차지했고, 한 달간 지각, 결석 안 한 학생들에게는 햄버거를 주었다. 보상을 통해서 바꾸려는 것이 옳은 건 아니지만 내가 담임을 하면 우리 반은 결석, 지각이 없어야 하고 대회에서는 우수한 성적을 거두어야 한다고 생각했다.

어느 해 1학년 담임을 맡았을 때였다. 학년 시작부터 교실은 소위 왕따 문제로 매일 시끄러웠다. "같이 밥 먹을 친구가 없어요.", "운동장에 같이 나갈 친구가 없어요."라며 반 학생들이 울면서 매일 교무실을 찾아왔다. 고등학교 1학년이면 학업과 진로에 대한 고민을 상담해야 했는데, 그해는 유독 교우관계로 인한 문제가 많았다. 그중 한 학생은 이런 문제로 너무 스트레스를 받아 탈모 증세까지 보였다. 이쯤 되다 보니 학부모님도 찾아오기 시작했다. 그 와중에 한 학생은 학교폭력 실태조사에 폭행을 당했다는 신고까지 해서 그야말로 바람 잘 날 없는 날이 계속 되었다.

『나는 지하철입니다』

김효은 지음, 문학동네

나는 오늘도 달립니다.
끝없이 이어지는 이 길 마디마디에
나를 기다리는 사람들이 있습니다.

우리는 오늘도 달립니다.

더 이상 사태를 두고 볼 수 없어서 이리 저리 생각을 한 끝에 단합 시간이 필요하다고 생각했고, 게임을 준비해서 즐겁게 놀이를 한 후에 촛불을 하나 밝히고 서로의 속마음을 터놓는 시간을 마련하기도 했다.

이렇게 일 년간 화초를 키우듯 물을 주고 영양제를 주고 햇볕도 잘 쬐어 주며 정성껏 아이들을 보살폈다. 2년 후에는 교과 담임으로 만나서 수능 준비를 함께 하기도 했었다. 그런데 이렇게까지 정성을 다했다고 생각한 아이들이 졸업식 날에 인사도 없이 떠났고, 다음 해 스승의 날에도 아무런 연락이 없었다.

"요즘 애들 다 그렇지 뭐, 우리 반 애들도 연락 없어요."

옆 자리의 선생님이 위로라고 건네는 말이 위로가 되지 않았다.

'나만 바보였어. 진짜 내년부터는 잘해 주지 않을 거야.'

아이들에게 서운한 마음은 곧 나에 대한 자책으로 바뀌었다. 그러다 『나는 지하철입니다』라는 책을 보게 되었고 첫 장 첫 문장과 마지막 장 마지막 문장은 나에게 큰 울림을 주었다.

『나는 지하철입니다』는 많은 사람들을 싣고 매일 같은 시간, 같은 길을 묵묵히 달리는 지하철의 이야기이다. 매일 아침 아슬아슬하게 지하철에 올라타는 애기 아빠, 딸에게 맛난 밥상을 차려 주기 위해 보따리 가득 바다 냄새를 안고 올라탄 어머니, 학업에 지친 무거운 마음을 안고 지하철에 몸을 실은 학생들까지 저마다의 사연을 안고 지하철을 이용한다.

하지만 지하철은 이들에게 무슨 일이 있는지, 어디로 가는지 묻지 않는다. 그저 제시간에 맞춰 승객들을 태우고 목적지에 안전하게 내려 주기 위해 하루하루 묵묵히 달릴 뿐이다.

그랬다. 나도 그래야 했었다. 교사로서 나의 반에 올라탄 아이들이 그저 목적지에 제시간에 맞춰 무사히 잘 도착할 수 있도록 묵묵히 달렸어야 했다. 이 책의 지하철처럼 말이다.

일 년간 나는 담임으로서 최선을 다했고, 그들로 인해 기쁨과 보람을 느꼈다면 그것으로 된 것이다. 처음부터 무엇을 되돌려 받기 위해 아이들에게 잘해 준 것이 아니었기 때문이다. 돌아보면 나의 행동들은 아이들을 위한 것인 동시에 나의 만족을 위한 것이기도 했다.

2020년 나는 고등학교 3학년 담임을 맡았다. 코로나19 상황으로 다른 어느 해 보다 힘이 들었다. 1, 2학년 담임을 맡은 선생님들이 내심 부럽기도 했지만 코로나의 위협에도 달라지는 것은 없었다. 대입 진학 상담을 위해 밤늦도록 교무실에 홀로 남아 있었고, 자기소개서를 봐 주기 위해 주말까지 반납했다. 요즘은 시험이 끝나고 입시 면접 준비를 도와주고 있다.

하지만 아이들은 여전히 나의 이런 수고를 모를 것이다. 때가 되면 졸업을 하고 스승의 날도 올 것이다. 하지만 나는 지금부터 마음을 내려놓으려 한다.

　올 한 해 누구보다 힘들었을 고등학교 3학년 아이들에게 고생했다고 어깨 한 번 토닥여 주고, 졸업하는 날에는 기꺼이 큰 박수로 이들을 떠나보낼 것이다. 일 년간 이들을 잘 태우고 무사히 목적지에 내려 준 것으로 나는 나의 소임을 다한 것이다. 그리고 나는 또 달릴 것이다.

나와 마주하는 질문

- 학생들에게 왜 서운한 마음이 드나요?
- 서운한 마음이 들 때 어떻게 해결해야 할까요?
- 학생을 위하는 일이 나의 만족을 위한 일은 아니었나요?

아이들과 이별할 때 들려주고 싶어요

『길 떠나는 너에게』, 최숙희 지음, 책읽는곰

교사는 이별에 익숙하다. 매년 아이들과 이별을 경험한다. 학년을 올려 보내고, 상급학교로 진학시키면서, 혹은 교사가 학교를 옮기는 이유 등으로 이별한다. 아이들과 헤어짐의 순간을 아름답고도 의미 있게 보내고 싶지만 부끄러움이 많은 성격 탓에 매번 아쉬움만 가득 남긴 채 끝나고 만다. 아이들과 이별할 때 아이들을 향한 마음을 전하고 싶을 때 도움이 된 책이 『길 떠나는 너에게』이다.

200여 명의 아이들의 노래 소리가 들렸다. 목소리는 흔들렸고 눈에는 눈물이 맺혔다.

"안녕은 영원한 헤어짐은 아니겠지요."

이제 정말 마지막이라는 생각이 든 탓인지 한껏 소리 높여 노래를 불렀다. 그 모습을 보며 나도 모르게 울컥했다. 아이들에게 우는 모습을 보여 주기 싫어 고개를 돌렸다. 옆을 보니 다른 선생님들은 눈물을 흘리고 있었다. 울고 있는 아이들, 선생님들 모두 3년이라는 시간 동안 함께 지낸 추억들을 떠올리고 있음이 분명했다.

교사는 매년 아이들과 이별을 한다. 경력이 쌓이면 이별에 익숙할 줄 알았는데 점점 더 이별을 마주하는 게 힘들다. 짧게는 1년, 길게는 3년 동안 함께 지낸 추억들이 겹겹이 쌓인 까닭에.

졸업식 날 아침 풍경은 매년 비슷하다. 모처럼 깔끔한 정장을 차려 입고 출근한다. 평소 청바지를 즐겨 입지만 마지막인 만큼 아이들에게 좋은 모습을 남기고 싶기 때문이다. 출근 후에 교실을 먼저 둘러본다. 교실 곳곳에는 풍선이 가득 걸려 있고 칠판에는 아이들의 사랑이 담긴 메시지가 가득하다. 교실을 확인하고 교무실에서 잠시 선생님들과 이야기를 나누며 아이들이 등교하기를 기다린다.

『길 떠나는 너에게』

최숙희 지음, 책읽는곰

기억해.
함께 가야 더 멀리 갈 수 있어.
같이 가야 끝까지 갈 수 있어.

아이들이 졸업식 장소인 강당으로 모인다. 200명 가까운 아이들이 강당을 가득 메우고 빼곡히 모여 앉아 있다. 대형 프로젝트 화면에서는 3년간의 학교생활이 담긴 영상이 나온다. 1학년 신입생 시절 사진이 나올 때마다 아이들의 탄성과 환호성이 들린다. 영상 시청이 끝나면 졸업식이 시작된다.

교장 선생님 축사, 졸업장 수여 등을 마치고 교가 제창에 이어 졸업식 노래 제창까지 시간이 흐를수록 여기저기서 아이들 울음이 터져 나온다. 마음 여린 학생들뿐만 아니라 평소 슬픈 모습조차 볼 수 없던 아이들도 눈물을 흘린다. 그 모습을 보면서 선생님들도 함께 운다. 그렇게 전체 졸업식은 끝이 난다.

전체 졸업식 후에 바로 학급별 졸업식으로 이어진다. 학급별 졸업식 진행은 어렵고 부담스럽다. 아이들이 계획하고 진행하지만 졸업식 전체 진행을 살펴봐야 한다. 무엇보다 아이들에게 의미 있는 시간으로 남기를 바라는 마음이 잘 전달되었으면 하기 때문이다. 교실로 들어서면 낯선 풍경이 나타난다. 책상에 앉아 있는 아이들 뒤로 졸업을 축하해 주기 위해 온 가족들로 가득하다. 비좁은 교실에 다 들어오지 못한 가족들은 복도에서 지켜본다. 이렇게나 많은 사람의 시선을 받으며 졸업식 시작을 알린다.

학급별 졸업식을 할 때마다 고민이 많다. 아름답고도 의미 있는 이별을 하고 싶은데 매번 그렇지 못한다. 평소 살가운 모습을 보여 주지 못한 탓에 아이들에게 우는 모습을 보일 수도 없다. 다른 교사들처럼 영상을 잘 만들어서 아이들에게 보여 주지도 못한다. 수많은 사람들 앞에서 기억이 남을 만한 말을 하지도 못한다. 그러다 보니 매년 아쉬움이 남은 채 졸업식이 끝이 난다. 이런 아쉬움을 느끼던 중 졸업하는 아이들에게 들려주고 싶은 말이 가득 담겨 있는 『길 떠나는 너에게』를 만났다.

아이는 엄마에게 "다녀오겠습니다!" 인사를 하고 길을 나선다. 엄마는 아이에게 들려주고 싶은 말이 많다. 새롭고 낯선 곳으로 떠나는 아이를 향한 엄마의 진심이 가득 담긴 말들이다.

처음에 누구나 낯선 환경에 위축되기도 하지만 누구나 그렇다고. 가끔 집으로 돌아오고 싶을 때는 언제든 돌아오라고. 그렇지만 참고 견뎌야만 볼 수 있는 아름다운 풍경이 있음을 놓치지 말라고. 세상에 홀로 남겨진 것 같은 기분이 들 때는 주위를 둘러보라고. 네 곁에서 너와 함께 하는 이들이 있을 거라고.

2021년에는 온라인으로 졸업식을 했다. 강당에서 울려 퍼지는 아이들의 슬프고도 아름다운 노랫소리도, 풍선으로 가득 채워진 교실도, 졸업을 축하하는 가족들의 꽃다발도 없었다. 단지 모니터 화면으로 아이들을 보는 것이 전부였다.

아이들도 나도 처음으로 겪는 이별이었다. 모니터 화면을 통해 이별을 이야기하는 게 쉽지 않았다. 서로의 마음과 감정을 나누기도 어려웠다. 사람과 사람 사이의 만남에서 전해지는 깊은 울림을 느낄 틈도 없었다. 그렇게 아이들을 떠나보냈다. 아이들과 일일이 눈을 마주치고 마지막 인사를 나누지도 못한 채. 오랫동안 기억에 남을 사진을 함께 찍지도 못한 채로 말이다.

하지만 이번 졸업식이 허무하고 아쉽지만은 않다. 처음으로 졸업식에서 아이들에게 『길 떠나는 너에게』를 읽으며 내 마음을 전해 주었기 때문이다. 새로운 길을 떠나는 아이들에게 축복과 행복이 가득하기를 바라는 마음으로. 자녀가 잘 성장하기를 바라는 부모의 마음으로 진심을 다해 읽어 주었다.

세상에 혼자가 아님을, 힘들 때 누군가 곁에 있음을, 함께 가야 더 멀리 갈 수 있음을, 같이 가야 끝까지 갈 수 있음을 아는 아이들로 성장하기를 간절히 바란다.

나와 마주하는 질문

- 아이들과의 이별에 익숙한가요, 아니면 매번 힘이 드나요?
- 아이들과 이별할 때 어떤 말을 주로 하시나요?
- 아이들과 이별할 때 선생님의 진심을 어떻게 표현하면 좋을까요?

| 2장 |

힘이 되기도
힘이 들기도 합니다

· 동료 교사, 학부모와의 관계 ·

교사로서
내가 기억해야 할 약속

『눈 내리는 저녁 숲가에 멈춰 서서』,
로버트 프로스트 시, 수잔 제퍼스 그림, 살림어린이

교사의 삶은 겉으로는 평범하고 문제없어 보이지만 현실은 정반대이다. 아침부터 저녁까지 허겁지겁 주어진 일을 처리하다 보면 정신을 온전히 붙들고 사는지 한참 더듬거리게 된다. 일을 하며 부딪히는 관계 속에 감정의 스무고개를 넘나든다. 사람들이 으레 생각하는 것처럼 그다지 호사로운 직업이 아니라고 부정해 보아도 사회의 시선은 곱지 않다. 『눈 내리는 저녁 숲가에 멈춰 서서』는 교사로서의 삶에 대해 타자가 아닌, 내가 나에게 부여하는 의미와 약속을 되새겨 본 그림책이다.

사람들이 직업을 물어볼 때 교사라고 답하면 대개 부러워한다.

"방학이 있어서 좋겠어요."

"늘 아이들과 생활하니 좋겠어요."

"공무원이라 월급 꼬박꼬박 나오고 나중에 연금 받을 수 있으니 노후 걱정 안 해도 되겠어요."

"출퇴근 시간이 정확해서 가정과 일을 병행하기에도 안성맞춤이겠어요."

겉으로 보이는 모습만 본다면 틀린 말은 아니다. 그러나 일상을 자세히 들여다보았을 때, 교사의 삶을 마냥 부럽다고만 할 수 있을지 의문이다.

출근 후 담임교사는 조회부터 챙긴다. 하루에도 수십 건 날아오는 각 부서의 메시지를 메모해 두고 조회 시간에 빠짐없이 안내해 준다. 결석생 체크하고 전화한 뒤 수업에 들어간다. 하루에 보통 3~4시간 수업이 있다. 학기별 가르쳐야 할 교과목이 2~3개인 경우 챙겨야 할 부교재, 활동지 등을 잘 기억해야 해서 나는 색깔이 다른 에코백을 메고 다닌다. 고등학교의 경우 대개 2~3명의 교사가 같은 교과를 가르쳐야 하는데, 이런 경우 교사간 소통이 중요하다. 혹시

라도 협의가 부족할 경우 평가의 공정성을 문제 삼기 때문에 동교과를 가르치는 교사들은 수시로 만나 소통한다.

점심시간이면 급식지도가 있다. 일주일에 한 번꼴은 점심 먹고 30분 이상 급식실로 내려가서 줄을 세우고 거리 두기 등 방역도 지도한다. 일과 수업이 끝나면 교실 뒷정리와 함께 청소, 분리수거도 학생과 함께 한다. 척척 알아서 청소를 하는 학생은 거의 없기 때문이다. 아이들이 하교한 뒤에도 정시에 퇴근할 수 없다. 방과후 수업을 하거나 입시나 진로지도를 할 경우 학부모나 아이들 개별상담을 진행한다. 수업 이외 행정 업무 처리도 무시할 수 없다. 교육청이나 지자체 공문처리부터 부서별 계획, 예산 문제, 관련 부서 간 협의 등 일주일에 보통 2~3일은 학교에 남아 잔무를 처리해야만 일이 밀리지 않는다. 참으로 숨가쁜 일상이다.

조금씩 다르긴 하지만 나의 하루는 대개 아침 6시에 일어나 밤 12시 정도 잠자리에 든다. 조용히 나를 돌아보거나 운동을 따로 할 수 있는 여유도, 시간도, 체력도 남지 않는다. 어느 날은 퇴근 후 집에 돌아와서도 일이 끝나지 않는다. 특별히 업무가 집중된 부서를 맡았거나 학생 사안이 발생했을 경우 스트레스는 더 쌓인다. 언뜻 보기에 평온해 보이지만 교사는 이렇게 살아가고 있다.

『눈 내리는 저녁 숲가에 멈춰 서서』는 로버트 프로스트 시 그림책으로, 수잔 제퍼스의 꼼꼼한 묘사와 신비로운 그림으로 겨울 숲의

『눈 내리는 저녁 숲가에 멈춰 서서』

로버트 프로스트 시, 수잔 제퍼스 그림, 살림어린이

난 지켜야 할 약속이 있고,
잠자리에 누우려면 한참 더 가야 하네.

생명력을 잘 살리고 있다. 한겨울 눈 덮힌 숲속 썰매를 타고 가는 할아버지의 여정을 담은 책으로 넓게 펼쳐진 겨울 숲속의 풍경은 아름답기 그지없다. 그런데 한 해 중 가장 어두운 저녁, 꽁꽁 얼어붙은 숲 속의 호수에서 할아버지는 문득 멈춰 선다. 어린 말이 방울을 달랑거리며 묻는다. 무슨 일이냐고.

교사는 사람을 대하는 직업이고, 한 인간을 성숙한 사람으로 변화까지 아니더라도 최소한 그 씨앗은 뿌려야 한다는 기대와 약속을 부여받았다. 교사는 당연히 도덕적이어야 하고, 선생이라면 마땅히 존경받을 수 있도록 행동하고 살아야 한다고 말한다. 그래서 더 고통스럽고 무거웠다. 나의 한계를 인정하며 다시 돌아보게 되었다.

앞으로 더 나아가지도 뒤돌아 가지도 못하는 날들, 눈 내리는 저녁 숲속에서 할아버지가 갑자기 길을 멈춰 선 것 같은 시름의 날들이었다. 눈보라가 휘몰아치는 어두운 숲속 아무도 없는 눈밭을 지나가면서 할아버지는 약속을 기억한다. 나 또한 하루하루 고달픈 일상을 견디면서 나 자신, 나와 맺고 있는 관계, 이 사회와의 약속을 기억해야 했다. 오늘 하루 견디고 살아가야 한다. 쉽지 않지만 버텨야 한다. 그림책 속 할아버지가 한겨울 눈보라를 헤치고 걸어가듯 나도 한참을 더 가야 한다.

가르치는 직업은 배움이 선행되어야 하고 사회적 흐름이나 변화를 따라가야 하기에 학기 중이든 방학이든 각종 연수를 들으며 배워야 한다. 평생 가르치든지 배우든지 이 두 가지를 반복하며 살고 있다.

그러다 보니 시간이 지날수록 늘어나는 일들과 관계에 지쳐 육체적으로, 정신적으로 소진되었다. 한 움큼의 기운도 남아 있지 않았을 때, 나의 한계를 절감했을 때, '이렇게 사는 것이 내가 진정으로 원하던 삶인가? 여기에서 교사로서의 삶을 멈추어야 할까?'라며 꽤 심각하게 고민했다. 교사로 산다는 것은 오랜 기다림과 헌신, 성실함과 인내, 자기 부인이 필요하다. 나는 이 길을 얼마를 더 가야 할까? 지금까지 교사로서의 삶도 결코 녹록치 않았고 앞으로도 그럴 것이다. 사회적 인정과 칭찬, 예우는커녕 작은 사건이라도 기사화되면 교사 전체가 욕을 먹기도 하는 세상이지만 나 자신과의 약속, 가족과의 약속, 사회 기대에 대한 약속을 지키기 위해 오늘도 눈보라를 헤치며 천천히 걸어가고 있다.

나와 마주하는 질문

- 사회의 시선이 곱지 않을 때, 학부모나 학생, 외부자의 평가에 마음 아팠던 적이 있나요?
- 힘든 순간 다시 일어설 수 있었던 힘은 무엇이었나요?
- 교사로 살아가면서 자신과 한 약속이 있나요?

힘들 때는 용기 있게
거절하기

『곰씨의 의자』, 노인경 지음, 문학동네

교사들은 거절을 잘 못한다. 도움을 요청한 사람이 민망할까 봐 혹은 거절을 하면 나쁜 사람이 되는 것 같기 때문이다. 심지어는 자신이 힘들고 지친 상황임에도 다른 이들의 도움 요청을 거절하지 못한다. 거절은 상대를 무시하는 게 아니라 오히려 상대를 배려하는 행위이며, 좋은 관계를 맺는 데 필요하다는 것을 알게 해 준 책이 바로 『곰씨의 의자』이다.

초임 시절 결혼기념일, 퇴근 후 아내와 맛있는 저녁 식사를 하고 영화도 보면서 오붓한 시간을 보내려고 했다. 정시 퇴근을 하려는데 연구부장 선생님이 나를 불렀다.

"선생님, 오늘 지필고사 문제 검토를 해 주면 좋겠어요. 지필고사 담당 선생님이 집에 일이 있어서 일찍 들어가셔야 해요. 저 혼자 하기 힘들어서 그런데 같은 부서 일이니까 선생님이 도와줄 수 있을까요?"

연구부장 선생님의 말씀을 듣자마자 머리가 복잡했다. 지필고사 담당 선생님은 개인사정으로 끝까지 함께 일하지 못하는 상황이었다. 지필고사 업무는 내 일이 아니기에 그냥 퇴근해도 아무런 문제가 되지 않았다. 속으로는 "오늘이 결혼기념일이라서 일찍 퇴근해야 합니다. 도움이 되지 못해 죄송합니다."라고 말하고 퇴근하고 싶었지만 입 밖으로 말이 나오지 않았다. 결국 알겠다고 말하고 아내와의 약속을 취소했다.

처음 교사가 되고 학교에 출근하면서 군대와 비슷하다는 생각을 했다. 위계질서가 강한 군대에서 생활하고 나니 나도 모르게 상명하복의 군대 문화가 몸에 배었다. 학교에서는 교장, 교감 선생님이 명

령하고 지시하면 중간 위치인 부장 교사들이 다시 부서 평교사들에게 지시했다. 불만이 있더라도 속으로 삭이기만 할 뿐 밖으로 드러낼 수가 없었다. 지금은 학교가 상당히 민주적으로 변했지만 처음 교사가 되었을 때는 군대와 별반 다르지 않았다.

그런 분위기 속에서 당시 나는 부장 교사나 관리자들 앞에서 나도 모르게 주눅이 들었다. 하고 싶은 말을 제대로 할 수 없었다. 그저 "네."라고 말하고 주어진 일을 열심히 할 뿐이었다. 한편으로는 지시 사항을 열심히 이행하면서 일 잘하는, 열심히 생활하는 교사로 인정받고 싶은 마음도 있었다.

그런데 더 큰 문제는 상급자가 아닌 동료 교사들의 부탁도 거절하지 못했다는 점이다. 초임 근무지가 신설학교라서 한 명의 교사가 해야 할 일이 다른 학교보다 많았다. 혼자서 2~3명의 일을 하느라 힘든 나날을 보내고 있었다. 그런데도 동료 교사들이 일을 도와달라고 하면 야근까지 하면서 부탁을 들어주었다. 내게 도움을 요청하기까지 얼마나 많은 고민을 했을지 알기에 차마 거절할 수가 없었다. 또한, 부탁을 거절하면 나를 싫어하게 될까 봐 걱정되었다. 자기 것만 챙기는 이기주의자라고 욕할 것 같았다. 내가 힘들더라도 좋은 관계를 위해 도움 요청을 받으면 기꺼이 도와야겠다고 생각했다. 동료 교사, 선배 교사 모두에게 착한 사람이 되고 싶었다.

초임 시절 굳어진 착한 사람 이미지는 학교를 옮기고 경력이 쌓여도 크게 달라지지 않았다. 여전히 난 다른 이들의 도움을 거절하지 못했다. 그렇게 착한 사람 콤플렉스에서 벗어나지 못하던 시기에 나와 똑 닮은 곰씨가 주인공으로 등장하는 『곰씨의 의자』를 읽으며 나를 돌아보게 되었다.

곰씨는 햇살이 눈부신 날, 혼자 의자에 앉아서 시집을 읽고 차를 마시며 음악을 듣기 좋아한다. 하루는 스스로 세계를 여행하는 탐험가라고 소개하는 토끼가 상당히 지쳐 보이는 모습으로 곰씨 앞에 나타난다. 곰씨는 자신의 의자에 쉬어 가도록 선의를 베푼다. 얼마 후 이번에는 무척이나 슬퍼 보이는 무용가 토끼가 나타난다. 곰씨는 이번에도 무용가 토끼를 위로하고 의자에서 쉬었다 가게 한다. 시간은 흘러 여행가 토끼와 무용가 토끼는 결혼하고 많은 새끼 토끼를 낳는다. 이제 곰씨의 의자에는 토끼 부부와 새끼 토끼들까지 함께 지낸다.

혼자 있기 좋아하는 곰씨는 어땠을까? 처음 여행가 토끼, 무용가 토끼와 지낼 때는 그나마 괜찮았다. 그런데 새끼 토끼들이 생기고 이들과 항상 함께 지내다 보니 혼자만의 시간을 갖지 못한다. 곰씨는 혼자서 여유 있는 시간을 보내는 것을 좋아하는데 더는 그러지 못한다. 토끼들과 함께하는 시간이 점점 더 힘들어지기 시작한다.

이런 상황에서도 곰씨는 토끼들에게 아무런 말을 하지 못한다. 혼자 있고 싶다고 말을 하면 토끼들이 불편할까 봐, 자신을 싫어하고 나쁘게 생각할까 봐 걱정된다. 자신의 힘든 상황을 이야기하고 편해지면 되는데 그러지 못한다. 여전히 착한 곰씨가 되고 싶어 한다.

곰씨의 모습에서 주변 사람들에게 잘 보이고 싶고, 착한 사람이 되고 싶어서 거절하지 못했던 내가 보였다. 불편한 점을 말하지 못하고 토끼들의 요구를 받아 주기만 하던 곰씨와 닮아 있었다. 곰씨를 보면서 화가 났다. '왜 그렇게 힘들게 살고 있어.', '토끼들에게 혼자 있는 시간이 필요하다고 말하면 끝나는 일인데 그게 뭐가 그리 어려워.'라고 말해 주고 싶었다.

하지만 거절하는 게 얼마나 힘든 일인지 잘 알고 있다. 곰씨는 토끼에게 아무런 말도 하지 않을 것 같았다. 세상에서 다시없는 친절한 곰으로 남고 싶은 마음이 여전했기 때문이다.

곰씨는 혼자 있을 수 있는 갖가지 방법을 사용해 보지만 모두 다 실패한다. 그 과정에서 비를 맞고 기침을 하고 부들부들 떨다가 쓰러지기까지 한다. 그런 일을 거친 후에야 곰씨는 큰 결심을 하고 그동안 하지 못했던 말을 한다.

곰씨는 그제야 커다란 용기를 낸다. 혼자 있는 시간이 필요하다고 말하기 두려웠지만 이겨냈다. 그 결과 혼자 있는 시간을 가질 수 있게 된다.

토끼들은 곰씨의 말을 듣고 기분이 어땠을까? 곰씨에게 서운한 감정이 들었을까? 곰씨가 싫어졌을까? 오히려 곰씨에게 미안한 마

『곰씨의 의자』

노인경 지음, 문학동네

물론 우리가 함께하는 시간은 소중해요.
가끔은 혼자 있고 싶어요.

음이 들지 않았을까? 곰씨가 혼자 있는 것을 좋아한다는 걸 알지 못하고 그동안 곰씨를 힘들게 했다고 반성하지는 않았을까? 그리고 곰씨와 토끼들은 이전보다 더 좋은 관계를 유지할 수 있지 않았을까?

『나는 왜 네 말이 힘들까』에서 박재연 작가는 다음과 같이 말한다.

"거절을 듣는 것은 상대에게 받아들여지지 않았다는 불쾌함과 두려움을 느끼게 할 수 있답니다. 그러나 거절의 과정에는 서로의 욕구를 이해할 기회가 선물처럼 존재합니다. 그래서 거절은, 요청을 들은 사람이 요청을 한 사람에게 주는 진실의 목소리입니다."

거절은 상대를 미워하는 행위가 아니다. 요청을 들은 사람이 요청을 한 사람에게 주는 진실의 목소리이다. 자신이 지금 어떤 상황인지, 어떤 마음인지 솔직하게 말해 주는 것이 필요하다. 요청을 들어주기 힘든 상황임에도 불구하고 어쩔 수 없이 들어주는 것은 거짓이자 요청을 한 사람을 기만하는 행위이다.

난 착한 사람 콤플렉스에 빠져 다른 교사들의 요청을 받아 주면서 그들을 기만하고 있었다. 상대에게 내가 진정으로 무엇을 원하는지 알려줄 기회를 잃으며 살았다.

이제는 달라지려고 한다. 다른 교사들에게 좋은 사람이 되지 않겠다는 것이 아니다. 오히려 다른 교사들과 더 좋은 관계를 맺기 위해 내가 원하는 것을 솔직하게 말하려 한다. 오늘은 몸이 좋지 않아서, 개인적인 일이 있어서 도와줄 수 없다고. 혹시 내일은 괜찮을 것 같은데 내일 도와줘도 되는 일이라면 내일은 함께 할 수 있다고 말이다. 사람과 사람은 진심으로 만나야 한다.

나와 마주하는 질문

- 동료 교사의 도움 요청을 거절하지 못했던 이유는 무엇인가요?
- '거절은 상대방에게 요청을 들은 사람이 요청을 한 사람에게 주는 진실의 목소리'라는 말에 동의하시나요?
- 동료 교사의 곤란한 부탁을 거절하려면 무엇이 필요할까요?

신규 교사가 의견을
말해도 될까요?

『티치』, 팻 허친스 지음, 시공주니어

학교는 교장, 교감 선생님을 제외하면 1년 차 교사와 30년 차 교사가 평교사로서 동등하게 존중받을 수 있는 곳이다. 하지만 신규 교사가 회의에서 자기 의견을 또박또박 주장하기란 쉽지 않다. 그렇다고 선배 교사들의 부당한 결정에 그대로 따라갈 수만은 없다. 아닌 건 아니라고 말하고 싶은 순간이 있다. 그때 나이가 어려도 현명한 판단을 내릴 수 있다고 용기를 주는 그림책 『티치』를 만났다.

학교는 다른 직장과는 달리 위계질서가 그리 엄격하지 않다. 교장, 교감 선생님 두 분만 제외하면 평교사로서 동등하기에 직장 상사로부터 받는 스트레스도 적은 편이다. 부서마다 부장 교사가 있긴 하지만 어디까지나 업무상의 보직일 뿐, 상급자로서의 위치는 아니다. 한때는 지역마다 평교사들을 쥐 잡듯 잡는 악랄한 관리자들의 순위가 회자된 적도 있었다. 해마다 내신 철이 되면 그 관리자가 어느 학교로 부임하느냐가 최대 관심사였다. 하지만 '김영란법'이 시행되고 '갑질'에 대한 언론 보도가 나온 뒤로는 관리자들의 언행이 많이 개선되었다.

관리자로부터 받는 스트레스는 줄었지만 선배 교사와의 관계는 어떨까? 오래전에 근무했던 학교는 학생들이 착하고 학부모들의 민원도 적어서 많은 교사가 근무하고 싶어 하는 학교였다. 그러다 보니 20~30년 이상의 고경력을 가진 교사들이 꽤 많았다. 그중에는 편한 근무 환경을 노리고 온 이들도 있었다. 그들은 담임도 못 하겠다, 부서 부장도 하지 않겠다, 업무도 쉬운 것을 달라, 심지어는 교과 수업에서 시수도 적게 맡겠다며 고집을 피웠다. 고등학교였기에 미혼의 교사들은 2년이고 3년이고 내리 3학년 담임을 해야 했다. 누적된 피로와 입시 업무의 압박으로 병이 난 교사들도 한둘이 아니었다. 저경력 교사들은 병이 나야 겨우 담임을 한 해 쉴 수 있었는데, 고경력자들이 대거 몰려와 비담임 자리를 다 차지해 버리니 불만이 안 생길 수가 없었다.

교과 업무를 나눌 때도 문제가 생겼다. 국어과는 주요 교과여서 각 학년에 기본적으로 2~3명씩 담임교사로 배정이 된다. 그해에도 담임을 맡은 교사들이 많아서 그 선생님들이 먼저 해당 학년 수업을 전담하도록 배치했다. 그리고 나머지 비담임 교사들이 두 학년을 걸쳐 수업에 들어가도록 시수를 배정했다. 그런데 가장 경력이 많은 선생님이 비담임이지만 3학년 전담으로 배정해 달라고 고집을 피웠다. 자신은 나이가 많아서 학생들과의 소통이 어려운데 시험이 끝난 학기말은 더 힘들다, 그러니 수능 이후 자습을 줘도 되는 3학년을 맡고 싶다는 이유였다. 그리고 시수도 가장 적게 달라고 했다. 자신도 젊었을 때는 선배를 배려했다면서 말이다. 그러면서 본인 편의 위주로 짠 수업배정표를 내밀었다. 3학년 담임 중 한 사람이 2학년 수업을 걸쳐서 하게 되고, 자신은 3학년을 전담하도록 되어 있었.

'이 표를 짜면서 부끄럽지 않았나? 어떻게 이렇게 자기 위주일 수 있지? 참 염치가 없는 사람이구나. 적어도 나는 이렇게 나이 들지는 말아야지.' 생각했지만 고작 3년차인 나는 의견을 말하지 못했다. 결국 3학년 담임 중에 나이가 제일 어린 내가 2학년을 걸쳐서 수업을 하게 되었다. 학기말에 입시 상담과 2학년 수업을 병행하느라 고생이 심했던 건 말할 것도 없다.

문제는 그뿐만이 아니었다. 시험 출제를 할 때도 너무 무성의한 문항을 만들어 와서 다른 교사들이 수정하고 재출제해야 했다. 그러면서도 미안하다, 고맙다는 말은커녕 "문제 잘 낸다고 상 주나? 오류만 없으면 되지."라고 하면서 불쾌한 기색을 숨기지 않았다. 동교과의 또래 교사들과 그 선생님에 대한 불만을 공유하며 버틸 수 있었지만 오랜 시간이 지난 지금도 그때를 생각하면 화가 난다.

지금 근무하는 학교에는 3년 미만의 저경력 교사가 무려 3분의 1이나 된다. 전체 교사가 모인 자리에서 당당하게 자기 의견을 밝히는 선생님들을 보고 있자니 끙끙대며 속앓이만 했던 과거의 내가 떠올랐다. 그때 수업 시수 분장에 대해 부당하다고 당당히 말했으면 어땠을까? 나는 왜 그때 내 생각을 말하지 못했을까? 아마도 내 생각에 대한 확신이 없어서였을 것이다. 누가 봐도 공평하지 못했지만 경력이 열 배나 되는 선배 교사를 배려하는 것이 도의적으로 맞다고 생각했던 것 같다. 그 이후로도 전 교사 회의나 저경력 교사를 대표해서 들어간 인사자문위원회 자리에서도 내 생각을 말하는 건 늘 어려웠다. 선배 교사들은 지난 학교들의 근무 경험을 근거로 들어 얘기하는데 나에게는 그런 경험이 적어 내 생각이 틀릴까 두려웠기 때문이다.

『티치』는 어린아이라도 중요한 일을 할 수 있다는 용기를 주는 그림책이다. 티치는 형과 누나가 있는 막내로 키가 아주 작다. 티치는 형과 누나와 함께 놀기 위해 자신이 할 수 있는 최선의 노력을 다한다. 형이 큰 두발자전거를 타고 누나가 작은 두발자전거를 타면 티치는 세발자전거를 타고 따라간다. 형이 나무 꼭대기까지 연을 날리고 누나가 지붕까지 연을 날리면 티치는 바람개비를 뱅글뱅글 돌린다. 어느 날 형은 큰 삽으로 흙을 파고 누나는 큰 화분을 들고 온다. 티치는 어떻게 했을까? 바로 씨앗을 가지고 와서 화분에 심는다. 씨앗에서 싹이 튼 나무는 형의 키보다도 크게 자란다.

티치는 형, 누나와 터울이 많이 나서 몸집도 작고 힘도 약하다. 그래서 형과 누나가 크고 무거운 것을 가져올 때, 티치는 작고 가벼운 것만 가져올 수 있다. 하지만 티치는 놀이의 핵심을 파악할 줄 아는 현명함을 지니고 있었다. 아무리 톱질을 잘하더라도 못이 없다면 목공을 할 수가 없고, 아무리 큰 화분이 있더라도 씨앗을 심지 않으면 싹을 틔울 수가 없다.

우리 학교에서는 부장 교사가 신규 교사에게 의견을 구하고 신규 교사는 당당하게 의견을 말하는 모습이 전혀 낯설지 않다. 신설교이고 저경력 교사가 다수를 차지하고 있다는 특성을 고려하더라도 예전과는 사뭇 달라진 분위기이다. 올해는 유래 없는 팬데믹으로 인해 학교 현장이 엄청난 변화를 겪고 있다. 가장 큰 변화는 원격교

『티치』

팻 허친스 지음, 시공주니어

그런데 그 작은 씨앗에서 싹이 트더니,
자라고
또 자랐어요.

육(온라인 플랫폼을 활용한 교육 형태)이 시작되었다는 것인데, 그래서 젊은 교사들의 목소리가 커지고 중요해졌다. 원격수업 도구와 방식을 결정하는 데 젊은 교사들의 의견이 핵심적이다. 만약 젊은 교사들이 예전의 나처럼 의견 내기를 주저하고 선배 교사들의 결정을 수동적으로 따라가기만 했다면, 원격교육은 지금처럼 빠르게 자리 잡을 수 없었을 것이다. 티치는 세발자전거를 타고, 바람개비를 돌리고, 나무 피리를 불면서라도 형, 누나와 함께하려고 했다. 그게 바로 경력이 적더라도 문제 상황이 발생했을 때 함께 고민하고 자신의 생각을 소신 있게 밝히는 모습이라고 생각한다. 원격교육이라는 초유의 상황을 헤쳐 나가기 위해 다양한 온라인 수업 도구들을 빠르게 익히고 선배 교사들을 가르치는 모습이 마치 화분 앞에서 의기양양하게 팔짱을 낀 티치처럼 멋져 보였다.

반면에 여전히 꾹 참고 혼자서 속상해하고 있는 교사들도 있다. 한 교사는 신규 시절부터 학교에서 가장 기피 업무인 수업계, 성적계 업무를 담당해 왔는데 올해는 담임 업무까지 맡게 되었다. 학기 초 시간표를 짜는데 교사들의 개인적인 요구가 너무 많았다. 워낙 내성적이고 배려심이 깊은 사람인지라 매몰차게 거절하지 못하고 며칠 밤을 새워 시간표를 짰다. 나중에 얘기해 보니 말도 안 되게 자신의 편의를 요구한 교사도 있었다고 했다. 조심스럽게 거절하기는 했지만 까마득한 선배 교사에게 그 말을 하기란 너무 떨렸다고 했다. 이런 선생님들에게 『티치』를 권하고 싶다. 나이가 어리고 경력이 적다고 해서 생각까지 어린 건 아니니 용기 내어 말하라고 말이다.

첫 발령을 받고 떨리는 마음으로 학교를 방문했을 때 머리가 허연 교감선생님께서 나를 깍듯이 존대하며 맞아 주셨던 기억이 난다. 대학을 갓 졸업한 신규 교사도 똑같은 선생님이라며 말을 높이셨다.

나는 어느덧 티치의 형과 누나처럼 키가 크고 힘이 센 교사가 되었다. 의견을 낼 때도 티치처럼 마음을 졸이고 온 힘을 다하지 않아도 된다. 그래서 이제는 티치와 같은 젊은 교사들이 자신의 의견을 편안하게 제안할 수 있도록 분위기를 만들고, 그들의 의견을 신중하게 들으려 한다. 형과 누나, 그리고 티치가 힘을 합했기에 화분에서 큰 나무가 자랄 수 있었던 것처럼 학교도 경력의 많고 적음에 관계없이 모든 구성원이 생각을 모으고 함께 운영해 나가야 멋진 결실을 기대할 수 있을 것이다.

나와 마주하는 질문

- 동료 교사에게 부당한 대우를 받거나, 자신의 의견을 이야기하지 못한 적이 있나요?
- 부당한 상황에서 자신의 목소리를 높이면 큰일이 벌어질 것 같나요?
- 경력에 상관없이 의견을 표현하기 위해 무엇이 필요한가요?

불편한 동료 교사 이해하기

『두 사람』, 이보나 흐미엘레프스카 지음, 사계절

동료 교사를 잘 만나는 것은 정말 큰 복이라는 것을 교사라면 다 안다. 가끔 교무실 분위기를 자신의 기분대로만 끌고 가려는 교사들도 있는데 그런 곳에서는 매일이 행복하지 않다. 이보나 흐미엘레프스카의 『두 사람』은 서로 다른 두 사람이 어떻게 서로를 이해하고 살아야 하는지에 대한 지혜를 얻을 수 있는 책이다.

3월이 되면 '올해는 어떤 학생들을 만나게 될까?'라는 기대도 크지만 '올해 나와 함께 생활할 동료 교사들은 어떤 사람일까?'에 대한 기대도 매우 크다. 학교 일이야 늘 어렵고 힘들지만 이 힘듦을 그나마 위로 받을 수 있는 곳이 바로 교무실에서 만나게 되는 동료 교사들이기 때문이다. 정말 나와 잘 통하는 선생님들을 만나면 학교생활이 너무나 즐겁지만 만약 그 반대의 경우라면?

어느 해는 한 교무실에서 여러 부서가 함께 생활을 한 적이 있었다. 부서를 배정 받고 나와 함께 근무하게 될 다른 부서 선생님 얘기를 들었을 때 왠지 모를 불안감이 엄습해 왔다. 그리 편하지만은 않은 선생님이라는 소문을 들었기 때문이다. 부서 자리를 배치하는 과정부터 쉽지 않았다. "여기는 문가 자리다.", "창가 자리로 옮겨 달라."는 등 이런저런 요구가 많았다. 연배가 있으셨기에 말없이 선생님이 요구하는 자리로 배치를 마친 후에야 업무에 들어갈 수 있었다. 하지만 이건 서막에 불과했다. 함께 지내다 보니 그분은 감정 기복이 심해서 당최 기분을 맞출 수가 없었다. 그러다 보니 자연스럽게 교무실에 있는 선생님 모두 그분의 눈치를 보고 있었다.

그러던 어느 날 우리 부서끼리 커피를 마신 일이 있었다. 여러 부서가 함께 생활했지만 가끔은 같은 부서끼리 모여 부서 일을 논의하고는 했기 때문이다. 그런데 커피를 마시고 교무실로 들어서는 순간 그분이 우리에게 "지들 입만 입이냐. 어떻게 자기들끼리 나가서 커피를 마실 수 있냐."라며 면전에 대고 화를 내셨다. 순간 나는 내 귀를 의심했다. '어떻게 같은 동료 교사한테 저런 심한 말을 할 수 있지?'라는 생각이 들었기 때문이다. 순간 교무실 분위기는 얼어붙었다. 평소라면 당연히 사과하고 선생님의 기분을 풀어주었을 것이다. 하지만 그날은 그러지 않았다. 이건 뭔가 잘못됐다는 생각을 했다. 교무실이 모두가 함께 생활을 하는 곳은 맞지만 그렇다고 항상 단체 행동을 해야 하는 곳은 아니기 때문이다.

부서원들끼리 할 얘기가 있어서 함께 나갔다 온 것이라, 다른 부서 선생님들에게 일일이 보고할 일은 아니라고 생각했다. 이후 학년이 다 끝날 때까지 결국 화해하지 못하고 학교를 옮기게 되었다.

이보나 흐미엘레프스카의 『두 사람』은 제목 그대로 두 사람에 대한 이야기다. 두 사람은 바다 위 두 섬처럼, 나란히 한쪽으로 나 있는 창문처럼, 지붕을 받치는 두 벽처럼, 낮과 밤처럼 함께 있지만 만날 수 없는 존재이다. 하지만 열쇠와 자물쇠처럼 서로에게 필요한 존재이기도 하고, 모래시계처럼 한쪽이 모래를 쏟으면 다른 쪽은 그 모래를 받아 주는 의존적 존재이기도 하다.

여럿이 모여 함께 사는 것은 그래서 더 어렵지만 이 책에서 말해

『두 사람』

이보나 흐미엘레프스카 지음, 사계절

두 사람이 함께 사는 것은
함께여서 더 어렵고
함께여서 더 쉽습니다.

주는 것처럼 함께여서 더 쉽고, 함께여서 더 잘 해낼 수 있는 부분이 있었을 것이다. 이 책을 읽은 후 '그때 알았더라면 좀 달랐을까?'라는 생각을 해 보았다. 그때는 내 행동이 전혀 그분에게 미안해할 일도, 사과해야 할 일도 아니라고 생각했지만, 그분의 입장에서 보면 몰려다니는 것이 보기 좋지 않다고 생각을 했을 수도 있다. 그림책에서처럼 우리가 배의 돛과 돛대처럼 함께 했다면 아무리 먼 곳이라도 무서움 없이 여행을 했을지도 모르는데 말이다.

얼마 전에 함께한 부장님도 그런 분이셨다. 부장이 곧 관리자라는 마인드를 갖고 계셔서 한 해 동안 소통에 많은 불편함이 있었다. 본인이 하는 일은 부장이기에 담임에게 알리지 않고 해도 되고, 담임이 하는 일은 모두 본인이 보고 받기를 원하셨다. 어느 날은 우리 반 아이를 불러 상담을 하고 계시기에 "부장님, 상담을 해 주시는 건 고마운데 담임에게 먼저 말씀 좀 해 주시면 좋겠습니다."라고 하자 "부장인 제가 사항을 일일이 담임들께 말하고 해야 하나요?"라는 답변이 돌아왔다. 부장과 담임은 상관과 부하의 관계가 아니다. 부장의 리더십은 자신의 생각대로 담임들을 움직이도록 하는 것이 아니라 담임들을 도와 잘 어우러지게 만드는 것이다.

또 어느 해는 나보다 나이가 어리지만 카리스마가 철철 넘쳐 나를 눈치 보게 한 선생님도 있었다. 나쁘게 보면 약간 안하무인으로 목소리도 무섭고 성격도 불같아서 학생들도 무서워했고, 동료 교사에게도 거침없이 말을 해 우리도 늘 조심하는 편이었다. 그러던 어느 날 내가 수능 감독에서 빠지게 돼서 미안한 마음에 주저리주저리 얘기들을 늘어놓았던 적이 있었다. 그 얘기가 힘들게 감독을 해야 하는 선생님들에 대한 배려가 없다고 여겨졌던 것 같다. 갑자기 나에게 조용히 하라며 소리를 질러 무안했던 적이 있었다. 그 후에 그 선생님과 속 깊은 대화를 할 시간이 있었고, 그 선생님도 본인이 말을 너무 예의 없이 한다는 것을 알고 계셨다.

역지사지라는 말을 늘 입으로 뱉고는 있지만 정작 행동으로는 잘 옮기지 못했다. 내가 누군가로 인해 불편함을 느꼈다면 그 사람도 나로 인해 불편했을 수 있다. 드넓은 바다 위에 떠 있는 두 섬은 자기만의 화산, 자기만의 폭포, 자기만의 계곡을 가지고 있지만, 태풍이 불면 함께 바람에 휩쓸리고 아침에 떠오르는 태양도, 저녁에 지는 노을도 함께 본다. 교사들도 서로의 영역을 존중하면서도 힘든 일에는 함께 나서 주고, 기쁜 일에는 함께 박수 쳐 줄 수 있기를 바란다.

나와 마주하는 질문

- 교무실에서 관계가 불편한 동료 교사가 있나요?
- 동료 교사와의 관계에서의 불편한 원인은 무엇일까요?
- 불편한 동료 교사와의 관계를 어떻게 해결해야 할까요?

학교에서
외톨이라고 느낄 때가 있어요

『나는 개다』, 백희나 지음, 책읽는곰

다른 직장인들과 마찬가지로 교사는 학교에서 동료 교사들과 함께하는 시간이 많다. 동료 교사와 관계가 좋으면 학교생활이 힘들어도 견딜 만하다. 하지만 동료 교사와 어울리지 못하고 혼자라고 느낄 때면 정말로 학교 가는 길이 힘겹다. 동료 교사와 어울리지 못하고 혼자라고 느낄 때 자신의 마음을 표현함으로써 외로움에서 벗어날 수 있다는 용기를 준 책이 바로 백희나 작가의 『나는 개다』이다.

혼자 있기를 좋아해 사람들과 쉽게 어울리지 못하는 탓에 새로운 사람을 만나고 어울려 지내는 일이 참 힘들다. 그래서 웬만하면 학교를 옮기지 않는다. 매번 5년을 다 채우고 나서야 학교를 옮기곤 한다.

몇 해 전 이전 학교에서 5년을 채우고 학교를 옮겼다. 옮긴 학교에서는 새 학년 준비 워크숍이 있어 2월 말에 일주일 동안 전체 교사가 출근했다. 난 개인적인 사정으로 첫날 출근하지 못했다. 워크숍 첫날 새로운 선생님을 소개하고, 기존 선생님들과 친목을 도모하는 시간을 보냈는데 참여하지 못했다. 가뜩이나 낯선 사람을 만나는 게 힘든데 혼자만 하루 늦게 참여하게 되었다. 둘째 날 학교에 갔는데 모두 낯선 얼굴이었다. 편하게 말할 동료 교사가 없었다. 그렇게 나만 혼자인 기분을 느끼며 워크숍 기간 동안 가끔 동료 교사들과 사무적이고 업무적인 이야기를 나눌 뿐이었다.

워크숍은 끝이 났고 3월이 되었다. 늘 그렇지만 학교의 3월은 참 바쁘게 돌아갔다. 해야 할 일이 정말 많았다. 그 와중에 의사결정을 해야 할 일도 많아서 교사 회의를 자주 했다. 1~3학년 전체 학급에서 모든 학생이 청소를 함께하고 종례를 해 온 것에 대해 문제를 제기한 선생님들이 있었다. 청소는 학급에서 자율적으로 정하자는 의견이었다. 청소를 같이하고 종례를 하자는 선생님들은 청소를 함께하는 과정에서 협력, 배려의 정신을 배울 수 있고, 청소 또한 교육의 일환이므로 다 함께 청소하는 게 좋다고 주장했다. 반면에 학급에서 자율적으로 정하자는 선생님들은 종례하고 청소를 하는 게 시간도 절약할 수 있고, 다 함께 청소를 하지 않으면 청소를 하지 않는 아이들은 집에 빨리 갈 수 있다는 견해였다.

쉽게 결정이 날 줄 알았는데 의견 합의가 쉽지 않았다. 퇴근 시간이 되자 다들 마음이 급해졌다. 이전까지 다양한 논의를 하고 있었는데 다수결로 결론을 내자는 분위기로 이어졌다. 많은 선생님이 동의했고 다수결로 다 함께 청소하고 종례를 하는 쪽으로 결론을 냈다. 회의가 끝났다고 생각하고 있을 때 내가 발언을 했다. 사람들과 관계 맺기를 힘들어 하지만, 공적인 자리에서는 하고 싶은 말을 해야 직성이 풀리는 이상한 성격 때문이었다.

"이건 다수결의 횡포입니다. 어느 안이 더 나은지 끝까지 따져보고 결정하면 좋겠습니다. 그리고 결정은 만장일치로 했으면 합니다. 모두가 동의하는 방향으로 결정하면 좋겠습니다."

동료 교사들은 퇴근 시간이 지나 그냥 넘어가고 싶어 했지만 난 물러서지 않았다. 회의를 이렇게 끝내는 것은 옳지 않으며, 계속해야 한다고 강하게 주장했다. 결국 회의는 다시 시작되었고 퇴근 시

『나는 개다』

백희나 지음, 책읽는곰

아우우 아우 아우울 아울

간이 한참 지난 6시가 다 되어서야 끝이 났다. 회의가 끝나고 돌아서는데 원망의 시선이 느껴졌다.

그날 이후 동료 교사들과 사이가 더 어색해졌다. 내가 동료 교사들에게 피해를 줬다고 생각되어 스스로 위축되었다. 그때부터 더더욱 혼자 지내기로 했다. 동료 교사들과 소통하며 지내려는 마음을 접었다.

사람은 누구나 다른 사람과 관계를 맺고 싶은 욕구가 있다. 동시에 혼자만의 시간을 갖기를 희망한다. 두 가지 욕구를 적절히 조절하며 살아야 한다. 그런데 당시 나는 다른 사람과 관계를 맺고 싶은 욕구를 버렸다. 동료 교사들이 불편하게 느낀다고 생각해 교무실에서 말을 거의 하지 않았다. 학교 전체 회식도, 부서 회식조차도 참여하지 않았다. 그렇게 혼자 있기를 선택했다.

동료 교사들에게 마음을 닫은 채 학교생활을 하다 보니 한동안은 편했다. 누가 뭐라고 하지도 않았고 내가 하고 싶은 대로 하며 살았다. 그런데 시간이 지나면 지날수록 외로웠다.

하버드 대학교의 종교철학자 폴 틸리히는 '외로움은 혼자 있는 고통을, 고독은 혼자 있는 즐거움을 표현하기 위한 말'이라고 말한다. 외로움은 관계의 부재로 다른 사람들과 어울리지 못할 때 느끼는 고통인 반면 고독은 혼자 있는 시간을 즐기며 자신만의 공간을 아름답게 가꾸며 성장을 도약하는 과정이라고 한다.

당시 난 학교에서 고독이 아닌 외로움을 느끼고 있었다. 혼자 있는 시간 내내 외로웠다. 나만의 공간을 꾸미며 성장을 도모하지 못했다. 혼자 있는 고통에서 벗어나고 싶었다. 하지만 긴 시간 홀로 지냈기 때문에 어떻게 해야 할지 몰랐다. 그때 『나는 개다』에서 개들이 하울링을 통해 서로 소통하는 모습이 인상적으로 다가왔다.

『나는 개다』의 주인공 개 구슬이는 슈퍼집 방울이네 넷째로 태어난 후 동동이네 집으로 보내진다. 구슬이 엄마 방울이는 강아지를 많이 낳는다. 그래서 구슬이는 동네의 개들을 만날 때마다 자신의 형제자매일지도 모른다고 생각한다. 그래서 밤마다 누군가의 목소리가 들려오면 열심히 대답한다.

하울링은 개나 늑대 등 동물들이 소리를 길게 뽑아내는 울음소리다. 하울링하는 이유는 다양하다. 자신의 위치를 알리기 위한 신호, 영역을 지키는 방식, 분리로 인한 불안, 다쳤을 때 통증으로 인한 고통, 스트레스 때문이라고 한다. 일반적으로 개들은 다른 개들의 하울링 소리를 들으면 자신도 소리를 내는 경우가 많다. 개들이 어떤 마음일지 정확히 알지는 못하지만 『나는 개다』의 구슬이처럼 다른 개들이 외롭지 말라고 반응을 해 주는 것은 아닐까? 혼자가 아님을 느낄 수 있게 해 주는 것은 아닐까?

구슬이는 아침마다 외롭다. 아버지는 회사로, 동동이는 유치원으로, 할머니는 외출한다. 구슬이는 혼자서 집을 지킨다. 구슬이가 할 수 있는 것은 기다리는 것 뿐. 구슬이는 베란다에 힘없이 누워 혼잣말을 한다.

"기다린다기다린다기다린다기다린다기다린다기다린다."

구슬이는 가족과의 분리로 인한 불안 때문에 하울링을 한다. 그 소리를 들었는지 할머니는 외출을 마치고 돌아왔고 구슬이는 할머니와 함께 동동이를 마중나간다.

구슬이는 자신이 외로울 때 표현을 한다. 그리고 외로움을 잘 알기에 밤에 다른 개들이 불안과 외로움으로 하울링 소리를 낼 때 적극적으로 반응한다. 외로울 땐 다른 사람들에게 알려야 한다. 그렇지 않으면 다른 사람들이 나의 외로움을 알 수가 없다.

『나는 개다』의 구슬이를 보고 용기가 났다. 내가 혼자 지내는 게 힘들다고, 함께 하고 싶다고, 서로 도움을 주고받으며 즐겁게 학교생활을 하고 싶다고 하울링을 하면 동료 교사들도 구슬이가 그랬던 것처럼 반응해 줄 것 같았다. 사람이 지닌 가장 기본적인 본성은 연민이므로 힘들고 외로운 나를 외면하지 않을 것 같았다.

용기를 내어 동료 교사들에게 조금씩 마음을 열었다. 함께 하고 싶다고 내가 할 수 있는 방식으로 마음을 전하기 시작했다. 예전에는 주로 혼자 밥을 먹었는데 함께 식사하자고 말을 먼저 건넸다. 교무실에서 사적인 대화도 하며, 어설픈 농담도 하기 시작했다. 대화거리가 없는 경우에는 일부러 아는 것도 모르는 척 연기하며 동료 교사에게 물어보기도 했으며, 교육 활동 관련 새로운 걸 배우면 자발적으로 나누기도 했다.

교사들에게 마음을 표현하고 알게 된 사실이 있다. 동료 교사들은 나를 싫어하지 않았고, 나를 불편하게 생각하지도 않았다. 청소 관련 교사 회의에서 나를 원망 어린 눈빛으로 바라본 것은 나란 사람 자체가 싫은 게 아니었다. 다만 퇴근 시간보다 늦게까지 이어진 상황에 대한 원망이었다. 동료 교사들은 언제나 나와 함께 할 마음이 있었는데 나 스스로 마음의 문을 닫았을 뿐이었다.

혹시 동료 교사와 잘 어울리지 못하고 외톨이라고 느끼는 누군가가 있다면 구슬이의 하울링처럼 외로움을 표현하면 좋겠다.

나와 마주하는 질문

- 동료 교사들 사이에서 외로움을 느끼는 이유는 무엇인가요?
- 외로움을 표현하지 못했다면 어떤 이유인가요?
- 동료 교사들에게 자신의 마음을 어떻게 표현할 수 있을까요?

적극적으로 하는 것도
눈치가 보여요

『고래가 보고 싶거든』, 줄리 폴리아노 글, 에린 E. 스테드 그림, 문학동네

새로운 교육에 관심이 많고, 열정이 있는 선생님들이 있다. 혼자만 하기보다 동료 교사와 함께 하는 것을 꿈꾸기도 한다. 함께하자고 권유하지만 많은 동료 교사들은 함께하는 것에 관심이 없다. 심지어 부담스러워하기도 한다. 『고래가 보고 싶거든』을 통해 간절히 원하는 것을 위해 어떻게 참고, 기대하며, 기다리는지 알게 되었다.

초임 때는 기본적인 것들을 배우느라 정신이 없었다. 경력이 3년을 넘자 할 수 있는 것들이 늘어나면서 '자신만의 교육'에 대한 고민이 생겼다. 이것저것 배우며 노력하다 보니 초등학교 교실에서는 학생들의 갈등이 끊임없이 일어났다. 책을 찾아보고, 여러 연수들을 들은 뒤 '아! 이 방법이면 학생들의 갈등을 해결할 수 있을 거야!'라는 마음으로 적용을 해 보았다. 처음에 적용할 때는 효과가 있었지만 다음 해에는 효과가 크게 없었다. 학생들의 성격도 달라지고, 아이들이 처한 상황도 다르기 때문이었다. 학생들 간의 갈등이 있을 때 학생들의 마음을 읽지 못했고, 그때 급한 일들만 해결하고 넘어가기 일쑤였다. 어떻게 해야 할지 몰라서 고민만 하다가 우연히 학생들의 마음을 알 수 있는 도구인 성격 심리 검사를 알게 되었다. 성격 심리 검사를 활용해서, 아이들의 성격을 파악하고, 성격 별로 어울리는 친구 관계나 공부 방법 등을 학생 개별적으로 맞추어서 지도할 수 있었다. 학생들 사이의 갈등이 생겼을 때, 같은 상황에서도 어떻게 다르게 받아들이는지 설명할 수 있게 되었고, 아이들도 자신의 마음을 알아가면서, 우울했던 아이가 밝아지기도 했다.

학부모 상담 때도 학생들의 성격 프로파일 해석을 통해서 학생각각의 마음을 알려 주었다. 그때 한 어머니는 상담을 받으면서 평 펑 눈물을 흘렸다. 자녀가 얼마나 힘들어 했으며 힘든 이유를 알게 되었기 때문이었다.

나와 상담하기 전 학부모는 이 학생이 마음에 문제가 있는 것으로 생각했다. 지난해 담임선생님은 아이가 '로봇' 같다면서, 친구들과 소통하는 방식이 다른 친구들과 다르다고 이야기했다. 이 이야기를 듣고 놀라서 학생의 친구 관계를 매일 체크를 했다. '친구들을 많이 만들어라, 오늘 학교에서 친구랑 어떤 일이 있었니?' 하면서 매일매일 확인한 일이 오히려 문제를 만들게 되었다.

그 학생은 평소 조용하고, 주어진 일이 있으면 꼼꼼하고 정확하게 하는 남학생이었다. 쉬는 시간마다 수학 문제를 풀고, 답을 맞춰 보면서 행복해하는 아이였다. 동시에 친구들과 소통이 거의 없었다. 쉬는 시간에도 친구들과 놀기보다 문제를 풀었다. 간혹 친구들과 함께 지낼 때도 웃는 모습을 보기 힘들었다. 선생님이 말을 걸어도, 단답형으로 대답했다.

이 학생은 과제 중심의 사고를 하는 학생이다. 자신이 하고자 하는 일의 목표를 정하고, 계획을 세워서 하나씩 하나씩 달성해 나갈 때에 행복해했다. 어떤 일을 정하고 그것을 이뤄 나가면서 존재감을 느끼는 편이라 사람들과 여럿이 있을 때, 오히려 에너지를 소비하는 편이다. 이 학생은 엄마 말대로 친구들과 잘 지내려 억지로 노력하

『고래가 보고 싶거든』

줄리 폴리아노 글, 에린 E. 스테드 그림, 문학동네

고래가 정말 보고 싶니?
그렇다면 바다에서 눈을 떼지 마.
기다리고 또 기다리고
또 기다리는 거야.

다가, 힘들어 했고 얼굴도 점점 우울함이 짙어갔다. 상담 이후 학생의 마음을 알게 된 어머니의 태도가 바뀌었다. 문제가 아니라 특성임을 이해했기 때문이다. 자연스럽게 아이의 표정도 편안해져 갔다.

뿌듯한 마음에 이 좋은 것을 다른 아이들을 위해 활용할 수 있었으면 하는 바람이 생겼다. 그런데 이를 다른 선생님들과 공유하려고 할 때부터 문제가 시작되었다.

학교에 선생님들이 모여서 공부하는 모임 '전문적 학습 공동체'에서 함께 이 심리 검사 도구를 공부하고, 활용할 수 있도록 하고 싶었다. 하지만 반응은 내 맘과 같지 않았다. '열심히 하네. 훌륭해. 그런데 안 그래도 교장 선생님이 바뀌고 나서, 학교가 힘들어졌잖아. 살살해.', '지금까지 아이들에 대해 아는 것으로도 충분해. 굳이 더 안 해도 돼.', '심리? 그거 너무 어려운 것 아니야?', '새로운 걸 더 하기에는 부담스러워.' 이런 반응이 대부분이었다.

자연스럽게 나는 위축됐다. '주변에서 불편해하는데 이렇게까지 해야 할 일일까? 다들 부담스러워하는데, 그만둘까? 여기서 더 밀어붙여 봐야, 잘해야 본전이겠다. 지금까지 한 것으로도 충분하잖아. 내가 학교를 바꿀 수 없어. 우리 교실만 바꿔도 충분해. 학교를 바꾸는 건 관리자의 몫이잖아. 솔직히 고학년을 맡으면, 수업 준비에 맡은 업무에 부담이 많은 건 사실이잖아.' 하는 수많은 생각들이 스쳐 지나갔다.

이때 내 마음을 위로해 주고, 힘을 불어넣어 준 그림책이 『고래가 보고 싶거든』이다. 고래를 보고 싶어 하는 한 아이가 있다. 고래가 보고 싶거든 날아가는 새에도, 지나가는 배에도, 나뭇잎을 갉아 먹는 초록색 벌레에게도, 하늘의 구름에도 한눈을 팔면 안 된다고 한다. 그리고 시간이 필요하다고 한다. 바라보고, 기다리고, 생각하고, 깨달을 시간이 필요하다고 말이다.

이 책을 만나고 나서 마음이 정리되기 시작했다. 무엇보다 시간이 필요함을 알았다. 고래가 있는 곳을 간다고 고래를 바로 볼 수 없기에 고래가 나타나길 기다려야 하는 것처럼, 나도 기다림이 필요했다. 결과에 집중하면 고래가 언제 나타나지 계속 생각하면서 전전긍긍하게 된다. '고래가 언제 나타나지?' 하며, 내가 원하는 결과가 나타날 때까지 계속 긴장된 상태로 기다리기 때문이다. 그처럼 긴장 상태가 계속되면 금방 지치게 된다.

언제 나타날지 모르지만 '바라보는 것' 자체에 집중하면 다른 것에 한눈을 팔지 않고, 그저 지켜보고 바라볼 수 있다. 그러다 보면 적당한 때에 고래가 나타날 것이다.

이렇게 생각이 바뀌니 자연스럽게 나의 말과 태도도 바뀌기 시작했다. 동료 교사들의 생각을 직접 바꾸려고 하기보다, 무엇을 도와줄 수 있을까 고민하기 시작했다. 선생님들의 입장과 원하는 것이 무엇인가를 생각해 보게 되었다. 그래서 선생님들의 부담을 최대한 덜어 주고, 그 부담을 내가 지는 방향으로 행동했다. 그래야 선생님들이 아이들의 심리를 알아가고, 이해하는 데만 집중할 수 있을 것 같았다.

선생님들에게 정중하게 부탁을 드려서 학급 아이들의 심리검사를 진행했다. 나머지 검사 절차와 결과 해석을 내가 직접하고, 각 반에 돌아다니면서 담임선생님들에게 설명을 했다. 그리고 선생님들이 힘들고 어려운 아이들이 어떤 학생인지, 그 아이들의 심리 프로파일을 어떻게 해석할 수 있는지 설명해 주었다. 그리고 교육과정을 재구성해서, 진로 교육 시간에 아이들을 모아놓고 학생 대상 강의도 직접 진행했다. 내가 아이들을 강의하는 시간 동안 선생님들은 아이들의 마음을 공부하며, 아이들을 직접 지도해야 하는 부담에서 조금은 벗어날 수 있었다.

그렇게 시간이 지나 학년 말이 되었다. 학교에서 한 해의 교육활동에 대한 평가를 하는 대토론회가 열렸다. 여기에 학생대표, 학부모 대표, 교사 대표 총 20여 명이 모였다. 한 해 교육 활동을 돌아보면서 내년에도 하고 싶은 교육 활동, 새롭게 했으면 하는 교육 활동 등을 뽑아 보았다. 예상하지도 못한 결과가 나왔다. 내가 하는 심리검사 활동이 교사, 학생, 학부모 모두가 내년에도 했으면 하는 교육활동 1위로 뽑혔다. 그 결과 예산을 더욱 확보해서 4~6학년 모두 심리검사를 진행할 수 있게 되었다.

내가 하는 일이 진정으로 가치 있는 일이라면, 기다리는 시간이 필요하다는 것을 알았다. 그리고 기다리는 과정을 즐길 수 있어야 한다는 것도 깨달았다. 잠깐의 기다림이 아니라 고래를 볼 수 있을 때까지, 그때까지 기다려야 한다는 것을 말이다.

나와 마주하는 질문

- 동료 교사들의 눈치를 보다가 못하고 있는 것은 무엇인가요?
- 원하는 것을 얻으려면 얼마나 기다려야 할까요?
- 기다림에서 지치지 않도록 하는 방법은 무엇인가요?

학부모와의 첫 만남이 두려워요

『완벽한 아이 팔아요』, 미카엘 에스코피에 글, 마티외 모데 그림, 길벗스쿨

많은 교사가 학부모와의 첫 만남을 두려워한다. 무슨 말을 해야 할지, 어떻게 시간을 보내야 하는지 걱정이 앞선다. 때로는 모든 일에 완벽한 훌륭한 교사로 보이고 싶은 마음 때문에 두려움을 느끼기도 한다. 있는 그대로의 자신의 모습을 보여 주면서 학부모를 편하게 만나고 싶을 때 도움을 받은 책이 『완벽한 아이 팔아요』이다.

"교무실에 계시는 담임선생님들은 3시까지 교실로 입실해 주세요. 학부모님들 곧 교실로 올라오십니다."

방송을 듣자마자 얼굴이 빨갛게 달아올랐다. 심장은 두근두근했다. 교실로 올라가는 발걸음이 무거웠다. 교실이 가까워질수록 도망가고 싶어졌다. 학부모들을 어떻게 맞이할지, 무슨 말을 해야 할지 걱정이 되어 예행연습을 열심히 해 봤지만 떨리는 마음은 진정이 되지 않았다.

교사가 되어 학부모들을 처음으로 만나는 학부모 총회날이다. 입학식 때 잠시 만난 학부모도 있고, 사전에 전화 통화를 한 학부모도 있었다. 그러나 학부모들을 공식적으로 그것도 많은 학부모를 만나기는 처음이었다.

교사가 되어 처음으로 학부모들을 만나야 한다고 하니 눈앞이 깜깜했다. 신규 교사로서 처음 아이들을 만나는 것과는 차원이 다른 긴장감이었다. 아이들을 만날 때는 부담이 많지 않았다. 내가 가르칠 아이들이라고 생각하니 마음이 편했다. 그런데 학부모들은 나보다 나이도 많고, 삶의 경험도 많았다. 그동안 많은 담임교사를 만났던 경험이 있으니 이전 선생님들과 나를 비교할 거라는 생각에 걱정되었다.

학부모들이 교실에 들어왔다. 상기된 얼굴로 맞이하고 첫 인사를 했다.

"안녕하세요. 1학년 3반 담임교사 ○○○입니다. 만나서 반갑습니다."

학부모들이 내게 집중을 했다. 중학교 신입생들이라 걱정이 되었는지 학급 절반 이상의 학부모들이 참가했다. 많은 학부모를 보고 있으니 숨은 막히고 순간 머릿속이 하얗게 변했다. 한동안 말을 잊지 못했다. 이후 어떻게 진행했는지 정확히 기억도 나지 않는다.

첫해 학부모와의 만남을 망치고 나니 그다음 해에도, 몇 년이 흘러도 학부와의 첫 만남이 부담스러웠다. 교직 경력이 쌓이면 괜찮을 줄 알았는데 달라지지 않았다. 그런 내게 학부모와의 만남에 관한 두려움을 없애게 해 준 『완벽한 아이 팔아요』를 그림책 서점에서 우연히 읽게 되었다.

『완벽한 아이 팔아요』는 아이를 사기 위해 마트를 찾는 뒤프레 부부 이야기로 시작한다. 마트에서 아이를 산다는 다소 황당한 설정이 흥미를 불러일으킨다. 뒤프레 부부는 완벽한 아이를 사고 싶어 하는데 운 좋게도 하나 남아 있는 바티스트라는 아이를 산다.

한 가족이 된 뒤프레 부부와 바티스트는 행복한 나날을 보낸다. 바티스트는 말 그대로 완벽한 아이다. 이에 좋지 않다는 이유로 단

『완벽한 아이 팔아요』

미카엘 에스코피에 글, 마티외 모데 그림, 길벗스쿨

"…혹시 저한테도 완벽한 부모님을
찾아 주실 수 있나요?"

음식을 먹지 않는다. 혼자서도 잘 놀고 잠도 일찍 잔다. 심지어 공부도 잘한다. 그래서 뒤프레 부부는 아이를 정말로 좋아하게 된다.

바티스트는 끝까지 완벽한 아이였을까? 당연히 그러지 못한다. 부모의 실수로 학교에서 친구들에게 놀림을 받게 된다. 집으로 돌아온 후 처음으로 부모에게 화를 낸다. 그 모습을 보고 부모는 바티스트가 이상해졌다고 수리를 하러 마트로 향한다.

모든 일에 완벽했던 바티스트의 마음은 어땠을까? 새로 맞이한 부모에게 잘 보이기 위해서 모든 일에 완벽하려고 노력했던 것은 아닐까? 바티스트가 안타까웠다. 그냥 편하게 자기 모습을 보여 주면 되는데 완벽하려고 얼마나 노력했을까.

돌이켜 생각해 보니 내가 그랬다. 학부모와의 첫 만남에서 잘 보이고 싶었다. 모든 일을 완벽하게 해내는, 아이들을 맡기기에 안심이 되는 유능한 교사로 보이고 싶었다. 이런 마음이 가득한 채로 학부모들을 만났으니 긴장이 많이 되었다. 편안하게 나의 모습을 있는 그대로 보여 주면 되는데 그러지 못했다. 억지로 무엇을 더 하려고 했으니 힘이 들었다. 새로운 부모에게 잘 보이려고 노력하는 바티스트처럼.

그림책을 읽고 학부모와의 만남에서 있는 그대로의 나를 보여 주자고 결심했다. 그러자 마음이 편해졌다. 부담이 줄어들었다. 『완벽한 아이 팔아요』를 학부모들과 함께 읽고 싶어졌다. 학부모들이 그림책 속 뒤프레 부부처럼 자신의 아이들도 완벽한 아이가 되기를 원하고 있는 것은 아닌지. 그로 인해 가정에서 아이들이 힘들어 하고 있지는 않은지 이야기하고 싶어졌다.

새 학년 학부모와의 만남은 여전히 힘들지만 예전처럼 두렵지는 않다. 이제 방송이 나오면 『완벽한 아이 팔아요』를 들고 교실로 가서 책을 읽는다. 자녀에게 그림책을 읽어 주기만 했던 학부모들은 교사가 읽어 주는 그림책 이야기에 쉽게 빠져든다.

그림책을 다 읽고 학부모들의 소감을 묻기 전에 말한다.

"예전에 전 바티스트가 완벽한 아이가 되기를 바랐던 뒤프레 부부처럼 우리 반 아이들이 완벽하길 바랐습니다. 공부도 잘하고 예의도 갖추고, 학교 교칙도 잘 지키는 등 학교생활 전반에서 완벽하길 바라는 마음으로 교육했습니다. 그래서 아이들이 힘들어 했습니다. 이제 전 조금씩 달라지려고 합니다. 아이들을 있는 그대로의 모습으로 사랑하려고 노력하고 있습니다. 물론 저는 완벽한 교사가 아닙니다. 부족한 점도 많이 있습니다. 부족한 부분은 채워 가면서 아이들을 사랑으로 대하겠습니다."

이렇게 솔직하게 말하고 나면 학부모들도 부담 없이 자녀의 이야기를 하기 시작한다. 많은 학부모가 뒤프레 부부의 모습에서 자신의 모습이 보인다며 자녀들에게 미안하다고 한다. 담임선생님을 만나서 아이가 공부를 열심히 하지 않고, 방에만 있으면서 부모와 대화하지 않는 문제들을 논의하러 왔는데 『완벽한 아이 팔아요』를 읽으니 진짜 문제는 부모인 자기 자신이라는 점을 알게 되었다며 눈물을 흘리기도 한다.

요즘은 가끔 학부모들이 아이들에 대해 어떤 이야기를 해 주실지 기대감이 들기도 한다. 내가 완벽한 교사가 아니며 부족한 점이 많은 점을 인정하자 생긴 변화다.

나와 마주하는 질문

- 학부모와의 첫 만남이 두렵다면 그 이유는 무엇인가요?
- 학부모와의 첫 만남에서 어떤 대화를 나누나요?
- 완벽한 교사를 요구하는 학부모를 어떻게 대해야 할까요?

교사와 학부모의 시각 차이 좁히기

『늑대가 들려주는 아기 돼지 삼형제 이야기』,
존 셰스카 글, 레인 스미스 그림, 보림

학부모와 얘기를 하다 보면 학생의 잘못을 담임이나 학교의 탓으로 돌리기도 하고, 서로 이해하는 부분이 달라 오해를 사기도 한다. 이럴 때는 학교에서의 학생 모습을 있는 그대로 학부모에게 알려 주는 것이 필요하다. 『늑대가 들려주는 아기 돼지 삼형제 이야기』는 부모와 교사가 어떻게 하면 오해 없이 학생을 이해할지를 알게 해 준다.

한번은 학부모와 통화를 하다 날카로운 핀잔만 듣고 전화를 끊었던 기억이 있다. 사실 이 학부모의 자녀는 학기 초에는 서글서글한 성격에 싹싹하게 대답도 잘하는 좋은 이미지였기에 예뻐하는 아이 중의 하나였다. 그런데 시간이 지나면서 내 앞에서 보여 주는 모습과 보이지 않는 곳에서의 행동들이 매우 다르다는 얘기가 들려오기 시작했다.

어느 날 저녁 식사를 마치고 교무실에 들어왔더니 그 학생이 내 책상 옆에 잔뜩 겁먹은 얼굴로 서 있었다.

"왜? 무슨 일이야? 여기 왜 있어?"

그 학생 대신 다른 선생님이 대답했다.

"글쎄, 교문 앞 문구점에서 남자친구와 너무 심하게 붙어 있길래 제가 데리고 왔습니다."

학생에게 주의를 주고 상황을 찬찬히 들어 보니 학교 앞에서 이성 친구와 보기 민망한 상황을 연출하고 있었던 것이었다. 평소 부모님이 엄격하다는 것을 알고 있었기에 이성 친구가 있을 거라고는 생각도 못 했고, 더군다나 학교 앞에서 대담한 행동을 할 아이라고는 상상을 못 했던 터라 적잖이 당황했다. 부모님을 무서워한 학생은 이런 일을 집에 알리지 말아 달라고 했고, 스스로 반성하겠지 하는 생각에 그냥 마음속에만 담아두고 있었는데 그로부터 얼마 뒤 부모님께 전화가 온 것이었다. 이런 속사정을 자세히 이야기할 수 없어서 전화를 받자마자 '○○이 수업 시간에 집중도 못 하고 요즘 학교생활이 좀 그렇다'고 말을 했는데, 학부모는 그 또래 아이들은 누구나 그런 거 아니냐, 우리 아이만 색안경 끼고 보는 거 아니냐며 언짢아했다.

학부모도 나와 마찬가지로 자녀에 대한 모든 면을 다 알지는 못했을 테니까 담임의 말이 서운했을 수도 있었을 것이다. 하지만 내가 색안경을 끼고 그 학생을 본다는 말에 나도 황당함을 느꼈다.

『늑대가 들려주는 아기 돼지 삼형제 이야기』는 우리가 잘 알고 있는 아기 돼지 삼 형제의 이야기를 패러디한 책으로, 늑대의 관점에서 이야기를 다시 보여 주고 있다. 우리가 알고 있는 아기 돼지 삼 형제는 첫째, 둘째 아기 돼지가 각각 짚과 나무로 집을 만들었다가, 늑대의 입김에 모두 무너져 잡아먹히고, 마지막 벽돌로 지은 집의 막내 돼지만 살아남는다는 이야기이다. 하지만 이 책에서 늑대는 이게 다 재채기와 설탕 한 컵에서 시작된 이야기라며, 원래 이야기는 진실을 왜곡하고 있다고 주장한다. 늑대는 돼지들에게 설탕 한 컵을 빌리러 갔다가 마침 재채기가 나와서 집이 무너졌고, 마침 무너진 집에 돼지가 깔려 죽었고 육식동물인 늑대는 죽은 돼지를 먹었을 뿐이라는 것이다.

　모든 일에는 원인이 있고 결과가 있다. 원인을 제대로 알지 못하고 결과만 놓고 판단하면 이게 네 탓이니 내 탓이니 하는 다툼과 갈등이 생기기 마련이다. 부모가 자식을 감싸고 보호하는 것은 너무나 당연한 일이지만 부모의 그러한 모습이 맹목적으로 나타나는 것은 주의하고 경계해야 한다.

　몇 해 전 방학 때 학교 밖에서 벌어진 사건에 휘말려 상담 명령을 받은 학생이 있었는데, 개학 후 학교에서는 '명예훼손'이라는 이유로 그 학생에게 징계를 주려고 했다. 그러자 학부모에게서 바로 전화가 왔다. 이미 조사도 받았고 별일 아니라 상담 조치로 끝난 일을 가지고 왜 학교에서 또 징계를 주냐는 것이었다. 그러면서 어떻게든 학교에 다녀보려고 하는데 학교가 도와주지 않는다며 강력하게 항의하셨다. 학부모님은 평소 자녀의 불성실한 태도며, 잘못된 행동들은 이미 잊은 듯했다. 그 학생은 그 이후로도 몇 차례 더 사건을 일으켜 결국 제때 졸업하지 못했다.

　어느 해는 학생이 흡연으로 계속 적발되자 학교에 흡연실을 하나 만들어 주면 될 거 아니냐고 하는 학부모도 있었고, 또 팔다리에 문신을 한 학생을 아이 다치지 말라고 일부러 해 주었다고 오히려 감싸는 학부모도 있었다.

　학교 밖에서 학생이 어떤 모습으로 사는지 교사는 다 알 수가 없

『늑대가 들려주는 아기 돼지 삼형제 이야기』

존 셰스카 글, 레인 스미스 그림, 보림

늑대의 명예를 걸고 하는 말인데,
이건 틀림없는 사실이야.

다. 마찬가지로 내 자식이 집 밖에서 어떤 모습으로 사는지 부모님 또한 다 알 수 없을 것이다. 바로 이 점 때문에 교사와 학부모는 학생을 이해하는 데 있어 간극이 생길 수밖에 없다. 교사는 그저 학생을 바르게 지도하려 한 것이고, 학부모는 행여 우리 아이가 밉보여 불이익이 생기지 않을까 하는 마음에 염려했던 것일 뿐일 텐데, 서로가 그 부분까지는 깊이 들여다보지 못했기 때문에 생긴 오해일 것이다. 그림책에서 돼지와 늑대의 일을 한 동물의 관점에서만 봤을 때 억울한 동물이 생기는 것처럼 말이다.

　매년 고등학교 3학년 담임을 맡을 때마다 입시 결과에 많은 부담을 느낀다. 학생의 성적에 맞게 진학지도를 하면 "우리 아이한테 왜 그런 대학을 가라고 하냐."며 기분 나쁘다는 감정을 드러내는 학부모도 있고, 원하는 대학에 진학 못했을 경우 "학교가 해 준 것이 뭐가 있느냐!", "담임이 너무 신경을 안 써 준 것이 아니냐!", "1, 2학년 때 담임을 잘못 만나서 그렇다."라는 등의 얘기가 들려오기도 하기 때문이다. "우리 아이가 열심히 안 해서 그렇다.", "우리 아이가 실력이 부족해서 그렇다."라고 말하는 부모는 그리 많지 않다.

　『늑대가 들려주는 아기 돼지 삼형제 이야기』를 읽은 후 학생에 대해 학부모와 오해가 생기지 않도록 하기 위해서는 무엇보다 학부모에게 학생의 평소 학교에서의 생활 태도를 사실에 근거해 전달해 주는 것이 필요하겠다는 생각을 하게 되었다. 그래서 그 이후로는 상담 일지를 꼼꼼히 쓰는 습관을 들이게 되었다. 평소 학생의 잘못된 행동뿐만 아니라, 칭찬받을 만한 일들을 사소한 것이라도 꼼꼼히 적어 두는 것이 불시에 걸려오는 상담 전화나 학부모의 민원에도 당황하지 않을 수 있다.

나와 마주하는 질문

- 학생의 잘못을 담임이나 학교 탓으로 돌리는 부모님, 어떻게 해야 할까요?
- 부모에게 오해 없이 학생의 잘못을 잘 전달하려면 어떻게 해야 할까요?
- 학생을 위해 학부모와 교사의 관계에는 무엇이 필요할까요?

부당한 민원은
어떻게 해야 할까요?

『One 일』, 캐드린 오토시 지음, 북뱅크

많은 교사가 부당한 민원을 두려워하는데, 민원이 들어오면 교사 혼자 책임져야 하는 경우가 많기 때문이다. 그렇기에 본인의 소신대로 행동하기보다 민원을 받지 않기 위해 조심하는 경우가 많다. 조심해도 학부모의 민원이 생기면, 언제든 다시 혼자가 되기 쉽다. 혼자 힘든 상황을 감당해야 할 때 옆에 있는 한 사람의 지지가 얼마나 큰 힘을 발휘하는지를 알려 주는 그림책이 『One 일』이다.

교직 생활 2년차 때 퇴근 후 학부모로부터 전화가 왔다. 전화를 거절하는 메시지를 보냈지만 계속 전화가 걸려와 '개인적인 사정으로 통화가 어려우니 용건은 문자로 남겨 주세요.'라고 메시지를 보냈다. 그런데 학부모의 반응은 '무슨 급한 일이 있길래 학부모의 전화를 받지 않아요?'라며 전화를 못 받는 정당한 이유를 대라고 했다. 학부모야말로 메시지로 용건을 남기지 못하는 이유가 뭔지 궁금했지만, 겉으로는 '그건 제 개인적인 사정이니, 굳이 밝혀야 할 이유가 없습니다.'라고 보냈다. 그걸로 끝인 줄 알았다.

하지만 다음 날 아침 학부모가 학교 입구에서 기다리고 있었다. 물론 나와 약속이 되어 있던 것도 아니었다. 그러고는 다짜고짜 "어제 무슨 급한 일이 있었기에 제 전화를 안 받는 겁니까? 무슨 일이 있었는지 이야기 해 보세요."라고 따졌다. "아니 제 개인적인 사정을 밝혀야 하는 이유가 뭡니까? 그럴 이유 없습니다."라고 말했다. 계속 따지길래, 학부모 상담실로 자리를 옮겼다. 전날 있었던 일부터 이야기를 하면서 학부모가 전화를 하면 받아야 하는 것이 아니냐고 또 따지기 시작했다. 만약 자신의 자녀에게 안 좋은 일이 생겼을 때 전화를 안 받으면 큰일이 아니냐고 했다. 서로의 입장 차이는 점점 커져만 갔고, 교장실로 찾아가겠다고 했다. 속으로는 '일이 점점 커져서 불편한 일이 생기는 거 아닌가?' 싶었지만, "가시죠. 안내해 드리겠습니다."라고 대답했다. 교장 선생님께 따진다고 해서 누그러뜨리는 건 자존심이 허락하지 않았기 때문이다. 가는 길에 교무실에 교감 선생님이 계시자, 교감 선생님에게 먼저 따지기 시작했다. 어제 있었던 일부터 아침 일까지 하나하나 이야기를 늘어놓았다. 이야기를 다 들은 교감 선생님은 옆에서 학부모가 듣는 중에도 "아버님이 저녁에 여러 통 전화했을 때는 급한 이유가 있다는 거겠지. 그때 전화를 받지 그랬어."라고 했다.

때마침 수업 종이 치기에 얼른 자리를 피했는데 이후 학부모에게 다시 연락이 왔다. 내가 교사로서 해야 할 일을 소홀하게 해서 자신이 받은 피해를 교육청에 민원을 넣겠다는 것이다. 지난번 현장 체험 학습을 갔을 때, 안내장을 제대로 나눠 주지 않았다는 등의 이야기들이었다. 더욱 당황스러운 건 통화를 할 때, 학생을 옆에 두고 "지난번에 그런 일 있었지?"라고 묻기도 했다.

『One 일』은 힘 있는 자가 힘 없는 자를 어떻게 점점 심하게 괴롭히게 되며, 그것을 어떻게 멈출 수 있는지를 말해 준다. 빨강은 파랑을 괴롭힌다. 그런데 노랑, 초록, 자주 그리고 주황도 파랑을 위로해 주지만, 그 누구도 빨강에게 멈추라고 이야기하지 않는다. 빨강은 점점 더 심하게 파랑을 괴롭힌다. 숫자 '1'이 나타나기 전까지는.

「One 일」

캐드린 오토시 지음, 북뱅크

빨강이 무슨 짓을 해도 아무도 말을 하지 않았기 때문에
빨강은 점점, 점점, 점점 더 커지더니

마침내 아무도 말릴 수 없을 만큼 커져 버린 빨강

'1'은 빨강의 말을 듣지 않았다. 그러자 다른 색깔들도 빨강 대신 1의 편을 들었다. 빨강이 파랑을 괴롭히려 들자 다른 색깔들은 그만두라고 외칠 수 있게 되었고, 파랑은 빨강의 괴롭힘으로부터 자유로워졌다.

알고 보니 이 학부모는 해마다 담임선생님을 힘들게 하는 것으로 유명했다. 본인이 불편한 일이 있는데, 이를 교사가 해결해 주지 않으면 불만을 제기했다. 해결이 되지 않으면 학교, 교육청 등 점점 더 상위기관에 민원을 넣었다.

지난 담임선생님들에게 어떻게 하셨나 여쭤 보니, 일을 키우기 싫어서 들어줬다고 했다. 점점 학부모는 마치 그림책 속의 '빨강'처럼 되어 가고 있었다. 자신이 제기하는 민원이 아무리 불합리할지라도 아무도 제지하지 않았기 때문에, 점점 자신의 생각이 맞다는 확신을 갖고 더욱 강하게 민원을 제기했다.

나는 처음에는 교감 선생님 '1'이 되어 주길 바랐다. 교사의 입장을 대변하고, 교사를 보호해 주는 역할을 하는 사람이라 기대했기 때문이다. 하지만 주변의 누구도 나에게 '1'이 되어 주지 않았다. 왜냐하면 괜히 끼어들었다가, 그 학부모의 또 다른 표적이 될 것을 알기 때문이다. 굉장히 당황스럽고, 외롭고, 기운이 빠지는 상황이었다.

결국 내가 나에게 '1'이 되어 주기로 했다. 내가 실수한 일이 있다면 그에 대한 책임은 지겠지만, 전화를 받지 않은 것은 내가 잘못한 일이 아니기에 사과할 수 없었다. 나는 이렇게 문자를 보냈다.

'제가 잘못하지 않은 일을 사과할 수 없습니다. 제가 잘못한 일이 있다면 저에게 분명히 말씀하시고, 만족스럽지 않으시다면 민원을 넣으셔도 좋습니다.'

학부모든 누구든 억지나 횡포를 부리는 행동 자체를 내가 막을 수 없다. 본인의 생각에 확신이 있다면 더욱 그렇다. 학부모의 억지에서 나 스스로 자유로울 수 있다면, 어떤 이야기를 하든 휘둘리지 않을 수 있었다. 억지스러운 말에 영향을 받거나 받지 않는 건 내 마음의 문제이다. 나에게 영향을 주는 일이 있는지 없는지보다, 내가 그것에 왜 영향을 받는가에 대한 생각이 중요하다. '내가 나를 바라보는 시선이, 남이 나를 바라보는 시선보다 훨씬 중요해!'라는 마음이 중요했다. 그렇게 마음을 정리하니 학부모의 일은 신경이 조금 쓰일 뿐, 큰 의미로 다가오지 않았다.

하지만 중요한 것을 잊고 있었다. 바로 그 학부모의 자녀, 내 학생이었다. 학생은 이 상황을 어떻게 받아들일까? 혹시 자신이 무엇을 잘못해서 일이 생겼다고 생각하지 않을까? 학생을 불러놓고 물었다.

"아빠가 선생님에게 전화할 때 기분이 어땠어?"

"정말 부끄러운데, 아빠를 말릴 수 없었어요. 말리면 제가 혼나

거든요. 아빠가 화났을 때 말리면 더 큰 일이 나요."

"이 일은 선생님과 아빠와의 일이야. 아빠가 마음이 힘드실 때, 오해하실 수 있어. 너의 잘못이 아니야. 그래서 네가 책임질 일도 없어. 미안해하지 말고, 아빠를 미워하지도 마."

그러자 그 학생을 전처럼 편하게 대할 수 있었다. 내가 그 학부모에게 영향을 받았다면, 이 학생을 바라볼 때 자유롭지 못했을 것이다. 그 학생과 최대한 부딪히지 않게 피해 다녔을지도 모른다.

힘든 일이 찾아오면 누군가가 내 편이 되어 주었으면 하는 마음을 누구나 가진다. 하지만 어떤 상황에서도 나만의 삶을 살 수 있으려면 내가 나만의 '1'이 될 수 있어야 한다는 것을 깨달았다. 그럴 수 있어야 학부모뿐만 아니라, 다른 어떤 누군가가 빨강처럼 행동한다고 하더라도 자신만의 길을 지킬 수 있다. 그래야 누군가의 '1'이 될 수 있다.

나와 마주하는 질문

- 학부모의 부당한 민원에 시달린 적이 있으신가요?
- 당신의 '1'이 되어 준 사람이 있나요?
- 자신이 자신의 '1'이 되려면 무엇이 필요한가요?
- 부당함으로부터 당당해지려면 무엇이 필요한가요?

| 3장 |

교사도
배우는 중입니다

· 교사 자신의 문제 ·

내가 교사가 된 이유는 뭘까요?

『커다란 질문』, 볼프 에를브루흐 지음, 베틀북

초임으로 발령을 받으면, 수업과 학급 운영과 업무 등 모든 부분에서 무엇을 하든 혼란스럽다. 다른 사람들이 피하는 힘든 업무를 받았을 때는 더욱 그렇다. 정신없이 이런 일 저런 일 해치우듯 하고 나면, 뿌듯함이 남기보다 '이 일들이 나에게 어떤 의미가 있지?'라고 묻게 된다. 『커다란 질문』은 묻는다. '당신의 삶의 이유는 무엇인가요?' 자신은 어떤 사람인지, 왜 사는지를 찾아가는 여정을 『커다란 질문』과 함께 걸어가길 바란다.

교사를 처음 시작한 첫해는 그야말로 처참했다. ROTC로 군복무를 하면서, 30여 명의 소대원들을 2년 동안 이끌었기에 리더십에 대한 자신감도 있었다. 하지만 자신감이 아니라 자만이었음을 금세 깨달았다.

수업부터 난관이었다. 초등학교는 과목이 여러 개다. 국어, 수학, 사회, 과학, 체육, 음악, 미술, 실과, 창의적 체험활동 등 여러 가지 과목에 대한 수업 준비를 해야 한다. 학생들의 수준도 천차만별이다. 수업 전에 벌써 다 알아서 수업을 시시해하는 학생, 아주 쉬운 것부터 가르쳐 줘도 밑 빠진 독에 물을 붓는 느낌이 드는 학생들도 있었다. 학생들의 수준을 고려하여 수업을 진행하기 위해 전체 설명 후에도 학생들의 자리에 찾아다녔다. 엎친 데 덮친 격으로 특수학급 학생도 있었다. 정말 사랑스럽고, 귀여운 학생이었지만 수업 시간에 내가 해 줄 수 있는 게 별로 없었다.

학급운영에서는 더욱 막막했다. 아침 시간을 어떻게 보내야 하는지, 아이들의 자리는 어떻게 배치를 해야 하는지, 안내장은 언제 어떻게 나눠 주는 것이 효율적인지 몰랐다. 아이들을 다 보내고 나서, 깜박 잊고 나눠 주지 못한 안내장을 발견한 적도 있었다. 학생들의 1인 1역을 정하고, 확인하는 일은 나를 더욱 정신없게 만들었다. 점심시간 급식을 지도하고 정리하고 나면, 학생들을 하교시키기 전에 이미 대부분의 에너지를 쓴 기분이었다.

그중에도 내가 가장 어려워하는 것은 학생들끼리 갈등이 생겼을 때다. 갈등을 해결하기 위해 나는 경찰이 되어 조사를 했다가, 잘못한 것 같은 학생에게는 검사 역할을, 최종적으로 정리할 때는 판사 역할을 해야 했다. 문제는 나에게 잘잘못을 가릴 만한 기준이 확실하지 않았다. 학생들은 이 상황을 어떻게 바라보는지, 어른이 아닌 학생의 눈높이로 설득하려면 어떻게 해야 하는지도 부족했다. 게다가 업무에서는 남들이 다 기피하는 정보보안 및 기기관리에 대한 업무를 받거나 돌봄교실 담당자로 지명되기까지 했다. 저경력 남자 교사에게 기대되는 청소년 단체의 숙박 캠프에 다녀오기도 했다.

무엇을 어떻게 해야 할지 몰라 중구난방으로 지냈다. 어느 하나 잘할 수 없지만, 다 잘하고 싶다는 생각 때문이었다. 입에 달고 다니는 소리는 '죄송합니다.'였다. 무엇보다 내가 왜 이것을 하고 있는지에 대한 뚜렷한 생각이 없으니, 같은 일을 해도 더욱 지쳐 갔다. 학교에서 필요한 일이 있으면 하는 심부름센터 직원 같았다. 선배들은 "그렇게 일하다 보면, 많이 배우고, 나중에 승진하는 데 다 도움이 돼."라고 말할 뿐이다. 모든 것을 다 잘하는 선생님은 없다. 더군다나 나는 경험이 부족한 저경력 교사였기에 다 잘하는 것은 불가능

『커다란 질문』

볼프 에를브루흐 지음, 베틀북

앞으로 더 많은 답을 찾아낼 수 있을 거예요.
커다란 질문에 대한 나만의 답을 말이에요.

했다. 젊은 시절의 열정도, 체력도 조금씩 바닥났다.

『커다란 질문』 속 아이는 주변 사람들에게 묻는다. '나는 왜 이 세상에 있어요?'라고 말이다. 할머니는 "나에게 귀여움을 받기 위해서지!", 새는 "너만의 노래를 부르기 위해서야!", 정원사는 "참을성을 배우기 위해서지."라며 저마다의 기준으로 '아이가 이 세상에 존재하는 이유'를 설명한다. 다른 사람이 준 다른 사람의 답이다. 아이가 스스로 내린 답은 아직 없다.

『커다란 질문』을 통해 나만의 질문과 나만의 답을 찾아보았다. '내가 교사로 있는 이유는 무엇인가?'라고 아무리 물어도 답이 잘 나오지 않았다. 질문을 당한 적도 없고, 스스로도 처음 묻는 질문이기 때문이었다. '나는 어떤 사람인가?', '나는 무엇을 할 때 행복한가?'라고 나에게 물었다. 그리고 답을 찾아갔다.

나는 논리적인 생각을 좋아한다. TV 토론을 볼 때 한 토론자가 단단한 논리로 상대방의 논리를 허물면 희열감을 느낀다. 책, 영화, 드라마 등 어떤 것을 보아도 더 깊이 생각할 만한 것을 좋아한다. 책을 읽을 때도 여백에 나만의 생각과 질문으로 가득하다.

나는 나만의 전문성이 있는 것을 원한다. 어떤 분야의 스페셜리스트라고 불리는 사람을 보면 멋있다고 생각한다. 한 가지에 빠지면 깊게 파고들기도 한다. 남들이 궁금해하지 않는 것들에 대해 더 깊은 질문을 던진다. 가장 많이 생각하는 것은 '왜 그럴까?'이다.

나는 관심 있는 주제에 대한 생각을 타인과 공유하는 것을 좋아한다. 특히, 자신의 문제를 해결하는 데에 내가 도움이 되었다고 하면 짜릿한 기분마저 느낀다.

그럼 교사로서 나의 모습을 그대로 드러낼 수 있는 것이 무엇일까? 초등학교에서 토의와 토론이 중요하지만 많이 가르치지 않는 듯했다. 그래서 토의와 토론 교육을 공부해야겠다고 생각했다. 그리고 '아이들이 토론 교육을 통해 논리적 사고를 재밌게 잘 할 수 있도록 하는 것'을 목표로 정했다. 그리고 내가 하는 모든 것에 토의와 토론을 적용하기로 결심했다. 국어 시간 의견을 정하는 것은 물론이고, 다른 과목 시간에도, 모둠의 의견을 낼 때에도, 심지어 미술 시간에도 토의와 토론 모형을 적용했다.

학급회의에서 학급 규칙을 바꿀 때도, 1인 1역을 할 때도 적용했다. 너무 토의와 토론에만 집중하는 건 아닐까 걱정했지만, 결과는 내 예상 밖이었다. 학생들의 반응은 확실했다. 선생님이 직접 설명하는 것보다 훨씬 재미있다고 했다.

'내가 이 세상에 있는 이유는 무엇인가?', '내가 교사로 있는 이유는 무엇인가?'라는 질문은 나에게 내가 어떤 사람인지, 어떤 일을 할 때 존재감을 느끼고 에너지를 얻는지 묻게 했다. 나는 학생들이 '자신과 세상에 대해 자신만의 생각을 할 수 있는 사람'으로 자랄 수 있도록 돕는 교사가 되고 싶다. 이를 위해 논리적인 사고는 필수적이다. 그래서 토론을 통해 아이들이 논리적으로 사고하며, 이를 즐거워하도록 하고 싶다.

토론을 가르치는 과정에서 교사로서 내 삶의 의미가 분명해졌다. 나도 즐겁고, 아이들도 즐겁고, 무엇보다 아이들의 삶에 큰 도움이 될 수 있을 것이라고 생각하니 더욱 의미가 있었다.

『커다란 질문』을 통해 학교에서 교사로 살아가면서 교사로서의 의미를 다시 살펴볼 수 있게 되었다. 누군가가 부여해 준 의미가 아니라 나 스스로가 찾고 또 만들어 간 의미이기에 더욱 소중했다.

나와 마주하는 질문

- 교사로서 뿌듯하거나, 즐겁거나, 행복할 때는 언제인가요?
- 자신이 즐기며 할 수 있는 일은 어떤 것인가요?
- 삶의 의미를 찾으면 학교에서의 삶은 어떻게 변할까요?

힘든 업무로 개인의 삶이 없어요

『잃어버린 영혼』, 올가 토카르축 글, 요안나 콘세이요 그림, 사계절

학교는 일반 회사처럼 경쟁하는 시스템이 아닌데도 불구하고 교사들은 퇴근하면서도 일을 싸가지고 간다. 주말에 열리는 연수에는 자발적으로 신청한 교사들로 가득하다. 수업 잘하는 교사, 행정업무에 유능한 교사가 되려다 보니 지치기만 하고, 삶까지 무의미해지는 듯했다. 힘든 순간 일과 삶의 균형이 왜 필요한지 깨달음을 주는 『잃어버린 영혼』을 만났다.

교사로 발령받아서 관리자로 승진하기 전까지는 모두 평교사이다. 하지만 경력에 따라 학교에서 요구되는 역할이 있고, 그 역할을 어떻게 수행하느냐에 따라 교사라는 직업인으로서의 자존감이 지켜지기도 한다.

개인마다 차이가 있겠지만 나는 경력 14년이 될 때까지 담임교사로서의 역할이 가장 중요한 업무였다. 고등학교에 근무했기 때문에 행정업무는 최소한의 것만 하고, 학급경영에 온 힘을 쏟았다. 학급경영은 나의 역량을 보여 주는 잣대였고 잘 따라 주는 반 아이들은 보람이고 긍지였다.

15년 차가 되던 해, 근무하는 지역을 옮기면서 고등학교에서 중학교로 가게 되었다. 말로만 듣던 중2병의 두려움에 막막해하던 나는 설상가상 모두들 기피하는 연구학교 운영이라는 업무를 맡게 되었다. 경력도 있고 교과도 국어이니 보고서를 잘 쓸 수 있을 거라는 이유였다. 고등학교에서 줄곧 담임만 했던 나는 행정업무에 대해 아는 것이 거의 없었다. 중학교 근무도 처음인데, 이름도 낯선 정책의 연구학교 업무를 담당하라니 도저히 엄두가 나지 않았다. 하지만 일 못한다는 소리는 곧 죽어도 듣기 싫었다. 공문을 뒤지고 교육청 자료를 다운받아 공부하고 관련된 연수도 두세 개를 동시에 들으며 정책의 기본적인 개념을 익혔다.

연구학교 업무는 학교의 교육과정 전반에 영향을 미치는 큰 프로젝트였다. 세부 계획을 수립한 후 전체 교사들을 대상으로 계획을 알리고, 운영을 지원하고, 결과를 수합해서 결과 보고서를 써야 하는 방대한 업무였다. 교육청에서는 시시때때로 운영 우수사례를 제출해라, 담당자 회의에 참석하라는 공문을 내려보냈다. 그럴 때면 밥 먹을 시간도 없을 만큼 시간에 쫓겼다. 교장, 교감 선생님께서 전폭적으로 지원해 주시고 선생님들도 적극적으로 동참해 주셨지만, 그럴수록 결과가 성공적이어야 한다는 부담감도 커졌다. 최종적으로 업무를 처리해야 하는 건 오롯이 나의 일이었다. 고등학교와는 달리 행정업무와 담임 업무를 같이 담당해야 하는 중학교 시스템도 힘에 부쳤다. 늘 일이 밀려 퇴근 후에도 노트북 앞에 앉아 있기 일쑤였고, 결과 보고서를 제출해야 하는 2학기에는 주말도 반납해야 했다.

"다른 선생님들도 당신처럼 바빠?"

그날도 노트북을 마주하고 업무 처리에 여념이 없던 나에게 남편이 불만을 털어놓았다. 우리 부부는 영화를 좋아해 주말에는 극장을 자주 찾았었다. 봄, 가을 계절이 좋을 때면 국립공원 야영장을 찾아다니며 캠핑을 즐기기도 했다. 그런데 언젠가부터 내가 주말에 집

밖으로는 나갈 생각을 않고 늘 일이 많다, 바쁘다며 짜증만 낸다는 것이었다.

"일이 많은 걸 어쩌란 말이야. 선생들은 뭐 다 노는 줄 알아? 우리도 바쁘다고."

남편의 의도를 왜곡하며 업무 스트레스로 인한 성질을 괜한 사람에게 부렸다. 학교 업무가 최우선이고 가족이나 개인적인 인간관계는 뒷전으로 밀어둔 일상이 계속되었다. 삶은 점점 무미건조해졌고 간절히 바라는 일도 크게 웃는 일도 없는 그저 그런 날들에 나도 모르게 지쳐가고 있었다.

그러던 중 빛바랜 표지의 『잃어버린 영혼』이라는 그림책을 만나게 되었다. 푸르스름한 종이 위에 연필로 그린 그림들이 신비롭고 아련한 느낌을 주었다.

『잃어버린 영혼』은 틀에 박힌 일상을 바쁘게 살아가던 한 남자의 이야기이다. 그 남자는 어느 날 밤, 숨이 막힐 듯한 기분을 느끼며 잠에서 깨어나는데, 그 순간 자신이 왜 여기 있는지, 자신이 어떤 사람인지, 심지어는 자신의 이름까지도 기억나지 않아 덜컥 겁이 난다.

일을 아주 많이, 빨리 하는 사람, 먹고 자고 일하고 운전을 하고, 테니스를 치는 남자의 모습이 낯설지 않았다. 수학 공책의 가지런한 모눈처럼 학교와 집을 오가며 일만 하는 나의 모습이 거기 있었다.

스스로에게 질문했다.

『잃어버린 영혼』

올가 토카르축 글, 요안나 콘세이요 그림, 사계절

누군가 위에서 우리를 내려다본다면,
세상은 땀 흘리고 지치고 바쁘게 뛰어다니는 사람들로,
그리고 그들을 놓친 영혼들로 가득 차 보일 거예요.

'나는 어떤 사람이지? 나는 왜 열심히 일하고 있지? 나는 누구지?'

다음 날 남자는 현명하고 나이 든 의사를 찾아간다. 의사는 남자에게 영혼을 잃어버렸다는 진단을 내리며, 영혼이 주인의 속도를 따라갈 수 없어 영혼은 머리를 잃고, 사람은 마음을 가질 수 없게 되었다고 말한다.

영혼을 잃어버린 상태가 지금 나와 비슷했다. 성실하게 출근해서 누구보다 많은 일을 하고 있지만 그 일이 나를 즐겁게 하지는 않았다. 언젠가부터 일의 목적을 생각하지 않게 되었고, 그냥 해야 하니까 했다. 육체는 쉼 없이 일했지만 정작 영혼을 돌보지는 못했던 것이다. 가끔 좋아하는 것이 무엇이냐는 질문을 받을 때면 바로 대답하지 못하고 머리를 쥐어짜내 겨우 대답하곤 했다. 호불호가 확실한 사람들이 부럽기도 했지만 그건 개인적 성향의 차이이고 나이 듦의 문제라고 대수롭지 않게 생각했다. 세상의 흐름에 뒤처지지 않기 위해 부지런히 달려왔는데 그것이 내 영혼을 잃어버려서였다니 억울하기도 했다.

의사는 자기만의 장소에서 가만히 앉아 영혼을 기다리라는 처방을 내린다. 남자는 놀랍게도 당장 도시 변두리에 집을 마련하고 매일매일 앉아서 자신의 영혼을 기다린다. 오랜 시간을 거쳐 남자를 찾아온 영혼은 더럽고, 지치고, 할퀴어져 있었지만 어린 시절 순수하고 아름다운 모습을 그대로 간직하고 있었다. 그 후 남자는 영혼이 따라올 수 있는 속도로 살며 오랫동안 행복했다고 한다.

영혼을 잃어버렸다는 엄청난 말을 듣고 어떻게 가만히 앉아 있을 수 있을까? 나라면 영혼이 오기를 기다리는 것이 아니라 직접 영혼을 찾아 나섰을 것이다. 이런 생각이 들자 헛웃음이 났다. 그래서 내가 아픈 거구나, 가만히 있지를 못해서 지치고 결국은 삶의 의미까지 잃게 되었구나 하는 깨달음이 왔다.

이제 나는 가만히 있기를 실천하려고 노력 중이다. 교사가 된 이후로 학생과 학부모, 동료 교사와 관리자들에게 인정받기 위해 나를 채찍질해 왔다. 외부의 기준에 맞춰진 내가 아닌 진정한 나를 발견하기 위해 내 마음을 들여다보는 시간을 가지려 한다. 그리고 어린 시절 꿈꿨던 미래의 나는 어떤 사람이었는지, 어떤 가치관을 가지고 살려고 했는지, 내가 아름답다고 여기는 것들은 무엇이었는지 생각해 보고 있다. 어느 오후, 문 두드리는 소리가 들리고 나의 영혼이 드디어 내 앞에 서 있는 날을 기대하며.

나와 마주하는 질문

- 많은 업무로 삶이 사라졌던 적이 있나요?
- 연수를 듣고, 책을 읽으며 자기계발을 하는 이유는 무엇인가요?
- 나만의 의미를 찾기 위해서 어떤 것이 필요할까요?

새로운 삶의 균형을
찾아가는 중

『우리는 당신에 대해 조금 알고 있습니다』, 권정민 지음, 문학동네

열정과 패기, 도전으로 이것저것 탐색하고 많은 일을 벌이다가 실패하고 넘어지면서 어느덧 경력이 쌓이고 중견 교사가 된다. 한 가지 교육 활동에 몰입하기보다는 주변과 옆을 살피고 학교 일과 가정을 돌보고 자신을 돌아보고자 차츰 욕심을 내려놓으려 할 때, 불쑥 마음 한구석에서 '그래도 될까?'라며 자신을 질책하는 소리가 들린다. 교사로서의 삶에 균형을 찾고자 할 때 『우리는 당신에 대해 조금 알고 있습니다』라는 책을 만났다.

교직 경력이 쌓일수록 새로운 변화나 개혁에 다소 주춤거리게 된다. "이전에도 이런 비슷한 제도를 도입했었는데 효과 없었어. 별로 달라지는 거 없을 거야!"라며 쉽게 동참하지 않는다. 현장과 전혀 맞지 않는 새로운 제도가 정착될 즈음 또 바뀌어 버리는 경험이 많은 탓도 있다. 미래를 바라보며 정책을 세우기보다 교육 외 다른 논리가 개입되는 경우가 많다. 그럴수록 일선 교사들은 무기력해진다.

대단한 사명감을 갖진 않았지만 상황과 주어진 여건 내에서 내가 먼저 삶으로 모범을 보이는 교사가 되고자 노력했다. 교실에서 새로운 도전을 하며 아이들과 교감하게 되면서 행복했다. 내 앞에 많은 장애물을 극복해 왔다고 생각했다. 간혹 동료나 선배들의 걱정 섞인 말을 듣기도 했다. 어떤 학부모는 "고등학교에서 입시 중심으로 수업하지 않고 배움중심, 과정중심이니 뭐 그런 수업을 하느냐? 토론수업이 성적에 무슨 도움이 되느냐?"며 항의하기도 했다. 학생들도 "선생님, 그냥 가르쳐 주세요. 자꾸 우리보고 질문해라, 생각해 봐라, 토론해 보자고 요구하지 마세요."라며 저항했다. 한번은 교장, 교감 선생님께 불려갔다. 다른 방법으로 수업을 진행하면 안 되겠냐고 했다. 수행평가보다는 지필평가에 더 비중을 높이라는 요구에

나는 설득할 수 있는 증빙자료들을 제시해야 했고 누구보다 더 많은 행정 업무를 담당해야 했고 실적도 내야 했다. 이런 저항들에 부딪힐 때마다 '내가 왜 이렇게까지 힘들게 살아야 하지?'라는 한탄과 자책이 몰려왔다.

그럼에도 내가 추구하는 수업 방향이나 철학이 틀리지 않았음을 알았기에 포기할 수 없었다. 대신 학교 업무에서 가급적 보직을 맡지 않으려고 애를 썼다. 하고 싶은 분야 교육활동이나 정책사업이 있어도 공모에 신청하지 않았다. 학교에서 중요한 의사결정 사항이 있을 때 소신껏 의견을 제시하는 일도 자제했다. 그러면서 점점 학교에서 말수가 적어졌고 마음도 움츠러들었다. 어느 날 집으로 가던 중 갑자기 '나는 누구지? 나는 지금 왜 이렇게 살고 있지?'라는 생각이 마음속에서 불쑥 올라왔다. 체력도 건강도 예전 같지 않고 내게 남은 것이 하나도 없는 것 같은 허무함이 폭포처럼 밀려왔다. 지금의 내 모습이 나조차도 너무 낯설었다. 앞만 보고 달려왔었던 지난 시간이 주마등처럼 지나갔다.

『우리는 당신에 대해 조금 알고 있습니다』는 우리가 살아가는 공간 한켠에 놓인 싱그러운 녹색 식물들이 들려주는 이야기를 담고 있다. 창가로 들어오는 바람과 햇빛을 받으며 산소를 내뿜고 물을 마시며 푸른 잎들을 펼치고 다소곳이 벽 한쪽에서 말없이 우리 삶과 일상을 지켜보는 식물들이 거기에 있다. 야자수, 고무나무, 몬스

『우리는 당신에 대해 조금 알고 있습니다』

권정민 지음, 문학동네

당신은 가끔 많이 힘들어 보입니다.
우리를 돌아볼 수 없을 만큼.

테라, 해피트리 등 모습은 낯익지만 이름조차 잘 모르는 식물들, 공간에서 함께 호흡하며 생명을 이어가는 존재들이 조용히 말없이 우리를 응원하며 지켜보고 있다는 내용이다. 그림책을 통해 식물들이 다가와 전하는 그 말들이 내 가슴에 그대로 들어와 콕콕 박혔다. 식물을 통해 전하는 말 한마디 한마디는 아래로 아래로 바닥을 치며 내려가던 내 마음을 토닥여 주었고 한없이 움츠러들던 내게 위로가 되었다.

삶의 한켠에서 이 식물들처럼 나를 지켜보는 누군가가 있지 않을까? 너무 일에만 몰두하다 정작 내가 가꾸고 돌봐주어야 할 물과 햇빛, 양분을 충분히 주지 못한 건 아닐까, 세심하게 돌보지 않았는데도 나를 향해 따뜻하게 손을 내미는 사람이 있지 않았을까, 아니 어쩌면 나 자신에게도 너무 소홀하지 않았을까 하는 데에 생각이 미쳤다. 그러자 가까이에서 말없이 나를 지켜 주었던 한 사람 한 사람이 떠올랐다.

몇 년 전 쏟아지는 일거리에 지쳐 있을 때 고마웠다며 손편지를 보낸 제자가 있었다. 담임도 아니었던 나를 기억해 주고 손편지를 써서 보내 준 정성이 고마워 다시 용기가 났다. 서로 생각이 달라 동료들, 관리자와 갈등이 있었을 때 말없이 응원해 주고 따뜻한 밥 한 끼를 사 주며 함께 울어 주던 동료도 있었다. 학교를 옮기게 되면서 자주 만나지 못하게 된 사이인데도 가끔 안부를 물으며 가족사와 내 건강을 챙겨 주는 동료도 있다. 또 가장 가까이에서 나와 함께 하는 가족들도 있다. 하루에도 서너 번씩 감정의 기복을 넘나드는 나와 달리 무슨 일을 당해도 당황하지 않는 수더분한 남편이 있다. 미래에 대해 한없이 비판적이며 불안해하는 내게 늘 잘하고 있다고 칭찬해 주는 무한긍정주의자이다. 늘 바쁜 엄마를 두었던 탓에 다른 엄마들처럼 살뜰히 챙겨 주지 못했는데도 지금까지 큰 말썽 없이 잘 자라 준 아들과 딸이 있다. 브레이크 없이 달리기만 하던 나를 가끔 멈춰서게 했던 그때 관리자들과 민원을 넣었던 학부모들. 당시에는 채찍에 맞은 것처럼 아팠고 억울했고 혹독한 시련의 순간들이었지만, 그로 인해 좀 더 단단해졌으니 내겐 그들도 어찌 보면 당근 같은 사람들이다. 돌아보니 눈물이 쏙 빠질 만큼 힘들게도 했지만 자신만의 방식대로 나를 응원해 주었던 사람들이다.

나도 그림책 속 식물처럼 그들 삶 한켠에 자리 잡고 응원해 주는 사람이 되고 싶었다. 신임교사의 열정과 패기는 옅어졌지만 지금 내 나이에 어울리는 옷을 입은 사람이 되고 싶다. 오늘도 힘들어하는 동료에게 든든한 선배, 일과 가정 사이 균형을 찾아가며 가족들과의 시간도 소중히 여기는 아내와 엄마가 되고 싶다. 알아봐 주지 않아도 그 자리에 있다는 존재감이 없어도 그곳을 햇빛과 단비로 채워 줄 수 있는 사람, 좋은 일이 있을 때 함께 축하해 주고 환하게 웃어 줄 수 있는 사람, 곁에서 그들의 이야기를 들으며 함께 공감해 줄 수 있는 사람, 나를 찾아와 배우려 하면 내 호흡을 가르쳐 주고 기꺼이 도와주고 하늘을 바라보게 하는 사람, 나보다 더 어렵고 힘든 상황에서도 꿋꿋하게 이겨내는 사람들을 보며 삶에 대한 자세와 태도, 인내를 겸손하게 배우는 사람, 때로 나도 모르는 미지의 세계로 탐험하고자 할 때 용기를 주며 도전하라고 말해 줄 수 있는 사람, 자신도 돌보기 어려운 삶의 무게로 힘들어할 때 가만히 옆에서 그 사람을 지지해 주는 사람이 되고 싶다.

나와 마주하는 질문

- 오랫동안 나를 지켜보고 있는 사람이 있나요?
- 미처 알지 못했던 자신의 본래 모습을 찾고 계신가요?
- 자신의 모습을 찾으려면 어떻게 해야 할까요?

교사는 사명감을
가져야 하나요?

『떡국의 마음』, 천미진 글, 강은옥 그림, 키즈엠

처음 교사가 됐을 때는 교직에 대한 기대와 멋지게 해내겠다는 포부가 있었다. 하지만 정신없이 몰아치는 일과에 쫓겨 하루하루 생활하다 보니 어느 순간 매너리즘에 빠져 교육자로서의 사명감 같은 건 생각하지 않게 되었다. 『떡국의 마음』은 학생의 성장을 바라는 교사의 본질을 내 안에서 다시 끌어내어 교사로서의 긍지를 되살려 준 그림책이다.

"요즘 젊은 교사들은 교직을 직업으로만 생각하지 사명감이 없어. 이런 때 좀 일찍 출근하면 어때서 저러는지."

코로나 방역을 위해 정해진 시간보다 일찍 출근하라는 지시에 불만을 터뜨리는 젊은 교사를 보고 한 부장교사가 혼잣말처럼 중얼거렸다.

"초과근무를 하지 않으면 월급이 200만 원도 안 돼요. 그런데 해야 하는 일은 너무 많아요. 오늘은 단 한 시간도 쉬지 못했어요."

2년차 교사의 말이다.

"어젯밤에는 11시가 넘었는데 학생한테서 메시지가 왔어요. 봤지만 대답하지 않았어요. 종례할 때 분명히 알려줬는데 그때는 허투루 듣고 물어보는 거예요. 퇴근 후에 학생이나 학부모에게서 오는 연락은 안 받고 싶어요."

3년차 교사의 넋두리였다.

교직은 박봉이지만 일은 많고 학생 사안은 시도 때도 없이 터지니 퇴근이 없는 직업이라고 해도 과언이 아니다. 하지만 사회는 교사의 사명감으로 책임을 다해야 한다고 요구한다.

교사의 사명감이란 무엇일까? 과거 스승의 그림자도 밟지 않았던 시절에는 제자를 제 자식처럼 여기며 자신을 희생하는 스승이 존경을 받았고, 스승은 언행 하나하나 그 영향력을 고려해 신중해야만 했다. 하지만 학생과 학부모로부터 해마다 평가를 받는 교사들에게 과거와 같은 희생과 사명감을 가지라고 하는 것은 너무 일방적인 요구가 아닐 수 없다.

그렇다고 요즘 교사들이 사명감에서 완전히 자유로운가 하면 그것도 아니다. 사명감의 사전적인 의미는 '주어진 임무를 잘 수행하려는 마음가짐'이다. 그렇다면 다른 직업인들도 당연히 사명감을 가져야 한다. 그런데 교사의 사명감이 특히 더 무겁게 느껴지는 까닭은 미성숙한 아동을 가르쳐 그들의 성장을 책임지는 자리에 있기 때문일 것이다.

주변 선생님들께 "선생님, 교사의 사명감에 대해 생각해 본 적 있으세요?"라고 질문하면 대부분 "사명감? 그런 게 어딨어. 그냥 열심히 하는 거지."라고 대답하신다. 사명감이라는 말이 너무 거창하게 들려서 그런가 보다. 하지만 가르치는 학생이 잘 자라기를 바라고 돕고 싶은 마음, 이 마음을 교사의 사명감이라고 할 수 있지 않을까? 새해를 앞둔 어느 겨울날, 이런 교사의 마음을 꼭 닮은 그림책 『떡국의 마음』을 만났다.

『떡국의 마음』은 한 그릇의 떡국이 완성되는 과정에 덕담을 곁들인 그림책이다. 정성 들여 그린 그림을 보고 있으면 저절로 입에

침이 고이는데, 장마다 적힌 덕담이 더해져 뜨끈한 떡국 한 그릇을 먹은 것처럼 마음이 따뜻해진다.

떡국을 만들기 위해서는 제일 먼저 가래떡을 뽑아야 한다. 작가는 길고 긴 가래떡을 뽑는 데는 자녀가 오래오래 탈 없이 건강하게 살기를 바라는 부모의 마음이 담겨 있다고 말한다. 다음으로는 둥글게 떡을 썰어야 하는데, 거기에는 둥근 태양처럼 자녀의 새해가 빛나기를 바라는 마음이 담겨 있다고 말한다. 이렇게 작가는 떡을 뽑는 데서부터 고명을 올리기까지 떡국을 끓이는 과정을 열 한 단계로 나누고, 자녀의 복을 비는 부모의 정성과 기도를 함께 담아 그리고 있다.

『떡국의 마음』에 그려진 부모의 마음이 학생을 생각하는 교사의 마음 같았다. 친구들과 어울리며 상처받지 않고 즐겁게 학교에 다니기를 바라는 마음, 자신의 성공만이 아닌 주변을 돌아볼 줄 아는 넉넉한 어른으로 성장하기를 바라는 마음, 지금의 싱그러움을 잃지 않고 자유롭게 꿈꾸며 살기를 바라는 마음, 그리고 학생들이 살아갈 세상은 지금보다는 더 나은 세상이길 바라는 마음을 수업에 담고 학생을 만나는 교사의 마음을 그림책에서 발견할 수 있었다.

교사로서 가장 행복한 순간은 졸업한 제자들이 찾아올 때이다. 군 제대 후 부쩍 철이 든 모습으로 나타난 한 제자가 있었다. 그 녀석은 고등학교 때 쓴 일기장을 지금도 가끔 들춰본다면서 내가 해

『떡국의 마음』

천미진 글, 강은옥 그림, 키즈엠

설날 아침, 떡국 한 그릇의 마음은
너의 복을 비는 정성과 기도가 담긴 마음.

준 말이 아직도 생생하다고 했다. 나는 그때 채 서른도 안 된 나이였다. 교직 경력도 얼마 되지 않았던 나는 그 아이에게 무슨 말을 해 주었을까. 기껏해야 교과서에 나올 법한 뻔한 이야기들이었을 것이다. 하지만 그때 나의 학생이 어른들 때문에 상처받지 않기를 바라는 마음은 진심이었고 그 마음이 전해졌던 것 같다.

고등학교 졸업 후 삼십 대 중반이 된 지금까지 꾸준히 연락해 오는 한 제자가 있다. 학교 다닐 때는 무던히도 속을 썩이더니 뒤늦게 철이 들어 삼수 끝에 대학에 들어간 녀석이다. 졸업 후에도 인생에서 중요한 결정을 내려야 할 때면 나를 찾아오곤 했는데, 작년 봄에는 다니던 직장을 그만두고 사업을 시작하려고 한다며 고민을 털어 놓았다.

"나는 평생을 학교에서만 살았어. 학생으로 그리고 선생으로. 그런 내가 사회에 대해서 뭘 그렇게 잘 알겠니? 이제는 너희가 더 잘 알 거야."

내 말에 제자는 이렇게 대답했다.

"선생님을 찾아온 이유는 단 하나예요. 순수하게 제가 잘되기를 바라는 사람은 이 세상에 부모님 외에는 선생님뿐이거든요."

교사가 행복해야 학생이 행복하다는 말이 있지만, 그 이면에는 교사의 행복과 학생의 행복은 불가분의 관계라는 전제가 깔려 있다. 교사가 행복해야 학생이 행복한 것만큼 학생이 행복해야 교사도 행복해진다. 교육은 단순히 물건을 생산하거나 판매하는 일과는 다르다. 우리는 성장의 과정에 있는 한 인격체를 만나고, 그의 삶에 커다란 영향력을 끼치는 위치에 있는 사람이다. 교사의 가치관과 삶의 방식은 수업을 통해 알게 모르게 흘러가 학생들의 가치관 형성에 영향을 미치게 된다.

한 그릇의 떡국을 끓이는 데도 저렇게나 많은 정성이 들어가는데, 행복한 학생을 기르는 데는 당연히 엄청난 정성이 필요하지 않을까?

우리는 해마다 수많은 학생들을 만난다. 그 학생들은 그냥 지나치는 행인이 아니다. 자신의 일생을 가지고 나의 수업과 가르침 속에 들어온다. 교사는 세상의 그 어떤 직업보다 한 사람의 일생에 지대한 영향을 끼칠 수 있는 경이로운 사명을 맡은 사람이다.

사명감에 억눌려 자신을 희생하라는 말이 아니다. 행정 업무에 치이다 보면 내가 하는 일들이 너무 작고 무의미하게 느껴질 때가 있다. 이러려고 교사가 되었나 하는 후회가 밀려오기도 한다. 하지만 교사는 사람의 일생을 보듬고 키워내는 숭고한 일을 하고 있다는 것을 기억하자. 지금은 보잘 것 없어 보일지라도 나의 말과 수업이 나의 학생의 일생에서 어떤 놀라운 일을 해낼지는 아무도 모르는 일이다.

사명감을 교사에게 씌우는 굴레로만 생각하지는 않았으면 한다.

교사의 사명감은 학교의 여러 행정 업무에서 의미를 찾지 못해 지칠 때, 사회가 교사의 가치를 인정하지 않아 무기력해질 때 교육자로서의 긍지를 되살려 줄 불씨가 될지 모른다.

나와 마주하는 질문

- 선생님이 생각하는 교사의 사명감은 무엇인가요?
- 그 사명감은 외부에서 우리에게 기대한 것인가요? 아니면 선생님 스스로 선택한 것인가요?
- 교사로서 가장 행복한 순간과 사명감을 연결지어 보세요.

선생님도
새 학교가 두려워요

『학교 가기 싫은 선생님』, 박보람 글, 한승무 그림, 노란상상

공립학교의 교원은 학교 만기 5년으로 반드시 다른 학교로 옮겨야 한다. 새로운 학교, 새로운 학년, 새로운 학기는 학생들뿐만 아니라 교사에게도 스트레스이다. 특히 새로운 학교로의 전근은 뿌리째 다른 곳으로 옮겨 심는 나무와 같다. 그럴 때마다 배려받지 못한다는 느낌을 받은 적이 종종 있다. 왜냐면 기득권을 가진 사람들은 새로운 사람들을 쉽게 받아들이지 않으려 하기 때문이다. 교직 사회도 예외는 아니다. 『학교 가기 싫은 선생님』을 만났을 때 새로운 학교에서 뿌리내리기 힘들었던 때가 떠올랐다.

새 학교 새 학기 등굣길은 학생들 못지않게 교사들도 긴장된다. 새로운 학교로 전근하게 되면 낯선 환경에서 처음부터 새로 시작해야 하기 때문이다. 학교가 다 똑같은 것 같지만 학군마다 달라지는 성향의 새로운 친구들, 새로운 학교 업무, 새로운 관리자, 새로운 동료들, 심지어 학교의 모든 시설물의 위치들까지 온통 익혀야 하는 새로운 것투성이니 바짝 긴장된 상태인 것이다.

『학교 가기 싫은 선생님』에는 새 학기 전날 밤, 이런저런 걱정을 하는 주인공이 등장한다. 주인공은 늦게 일어나 지각하면 어쩌나, 학교 가는 길에 커다란 코끼리를 만나 다치면 어쩌나 하는 걱정들로 지난밤 한숨도 못 잔다. 또 친구들이 나를 놀리거나 싫어하면, 친구 엄마들이 나를 미워하면, 선생님들과 친해지지 못하면, 친구들에게 이야기할 때 목소리가 이상해지면 어쩌나 온갖 걱정들로 집으로 도망가고 싶어 한다. 그런데 반전이 있다. 주인공은 바로 선생님이다. 주인공은 학교 정문을 바라보며 긴장하고 서 있다. 교내로 들어가서도 움츠러든 자세로 복도 창문 밑에 아주 작게 묘사되는데 그에 반해 창문 위로 보이는 학생들의 모습은 엄청난 크기의 괴물들로 표현된다. 두려움에 떨면서 교실 손잡이를 잡아당기는 손을 그림

『학교 가기 싫은 선생님』

박보람 글, 한승무 그림, 노란상상

새 학기가 시작되었어요.
어젯밤부터 걱정이 한 가득이에요.

책 두 면에 가득 그려낸 이 장면은 주인공의 공포심이 극대화되어 그대로 전해진다.

나는 꽤 오랜 교직 경력으로 옮겨 다닌 학교가 못해도 열 곳이 넘는다. 공립학교 근무 5년 만기가 지나면 학교를 옮기기 위해 내신을 쓰는데 이때부터 걱정이 한가득 몰려오기 시작한다. 남편은 학교가 다 같은 학교지 않냐, 얼마나 많이 겪어 본 일인데 매번 같은 걱정을 하느냐고 면박을 주며 이해하지 못한다. 나도 걱정을 털어내려 애쓰지만 쉽지 않다. 게다가 새로 갈 학교가 결정되면 2월은 매일같이 꿈을 꾼다. 그림책의 주인공처럼 출근 시간이 임박해 오는데 학교를 못 찾아 산길을 헤매고 또 헤매다가 지각을 하는 꿈이다. 수업 시간을 놓쳐 허둥대고, 첫 시간부터 컴퓨터가 말썽인 악몽을 꾸며 당황스러워하다가 깨어나곤 한다. 꿈에서 깨면 '그래, 신규보다 낫겠지!'라며 마음을 다잡지만, 긴장은 쉽게 가라앉지 않는다.

왜 새로운 학교로 옮겨가는 것이 두려운 것일까? 아마도 새 학교로 옮겨가던 첫해 겪었던 안 좋았던 기억 때문은 아닐까? 학교를 옮겨가자마자 12년 만에 담임을 맡게 된 적이 있었다. '신규보다 낫겠지'라며 전 학교 담임선생님들에게 이런저런 자료들을 외장하드 가득 담아 만반의 준비를 하고, 새 학년, 새 학기를 시작했다. 일은 산더미인데 내게 배부된 노트북으로 문서작업을 두어 장쯤 했을 때 그동안 작업한 자료를 날려 버렸다. 실수려니 하고 기운을 내 다시 작업했지만, 마지막에 또 날리고 말았다. 원인을 알아보니 노트북 문제였다. 새 컴퓨터를 구매하면 기존에 근무하던 선생님들이 그때마다 새로운 걸 챙기고 새로 부임하는 선생님들한테 포맷도 없이 오래된 노트북을 그대로 배부한 상태였다. 너무 화가 나서 교감 선생님에게 달려갔다. 이야기를 나누기도 전에 속상함에 눈물이 났다. 수업 종은 울렸고 눈이 벌겋게 되어 수업에 들어가는 나를 교감 선생님이 뒤쫓아 오면서 수업을 대신 들어가 주겠노라고 했다. 오기가 생겨서 빨갛게 된 두 눈을 해서 수업을 들어갔다. 하지만 노트북은 수업자료도 읽지 못했고, 영상도 제대로 플레이해 주지 못했다. 그렇게 수업을 마치고 나오니 책상엔 컴퓨터실에서 임시로 가져다 놓은 데스크톱이 있었다. 하지만 이 데스크톱을 들고 수업을 다닐 수도 없으니 그해 수업은 시청각실로 학생들을 불러들였고 시청각실 컴퓨터에 의존해서 수업해야 했다.

그것뿐만이 아니었다. 반 아이들은 쉽게 손에 잡히지 않았다. 2학년을 한문과 정보 선택과목으로 반 배정을 했는데 한문반이 6반, 정보반이 6개 반이었다. 공부 좀 한다는 학생들은 한문을, 학업뿐만 아니라 생활지도에도 아주 손이 많이 가는 아이들은 대부분 정보를 선택한 경향이 있었다. 게다가 한문을 선택한 반 학생 인원은 27~28명 정도인데 정보를 선택한 반 학생들은 38~39명씩이나 되었다. 학급 담임 선정에도 그들은 여지없이 기득권을 사용했다.

기존 선생님들은 한문반을 나눠 맡았고, 전근 교사 2명과 4명의 기간제 선생님들에게 정보반이 배정되었다.

하지만 오랜만에 담임을 하니 아이들이 너무 귀엽고 사랑스러웠다. 아이들과 잘 지내보리라 온갖 정을 쏟았지만, 학교를 나보다 1년 먼저 들어온 아이들은 새로 부임한 초임자 교사를 봐주지 않았다. 모르는 학교 건물, 모르는 학교 일정은 다 나를 만만하게 볼 수 있게 만들었고 교사로서의 권위를 무너뜨렸다. 그러니 말이 먹힐 리 없었고, 지도력은 무력해졌다. 수업을 제대로 듣지 않을 뿐만 아니라 수업 중에 떠들며 돌아다녔다. 심지어 시험 시간조차도 바로 앉지 않고 떠들어대는 친구를 지도하다 갈등이 일어났다. 그 아이의 담임선생님께 상황을 설명하다 눈물이 났다. 나보다도 어린 교사들 앞에서 제대로 지도하지 못하는 모습이 한없이 초라하고 부끄러웠다. 이미 기운은 바닥으로 떨어져 소진된 상태였다.

어디 그뿐이었던가. 대개 아주 까다롭지만, 의미 없는 업무는 새로운 교사의 차지였다. 내가 간 그 학교는 학교 교정에 야생화가 피어 있었다. 오랜 시간 교장 선생님이 가꾸어 온 야생화를 보러 전국에서 찾아올 정도였다. 하지만 그 야생화는 교사들에게는 버거운 업무였다. 그런데 야생화 관련 업무가 내게 주어졌다. 교실에서 수업하는 교사는 수업이 잘 풀리지 않으면 어떻게든 수업을 잘해 보려 연구에 연구를 거듭한다. 의미 있는 일이니까. 하지만 내가 의미를 부여하지 않는 업무는 다르다. 게다가 다른 교사들도 '이 일을 왜 하는 거야?'라고 말하는 일을 맡은 교사는 스트레스가 이만저만이 아니다. 이 학교의 야생화 관련 업무는 월간계획에서 단 한 번도 빠지지 않았고 전교생에게 대회라는 명목으로 수상기록을 남기는 행사를 열어야 했다. 야생화 이름 맞히기 대회, 골든벨대회, 야생화 글짓기 대회, 야생화 그림 그리기 대회, 야생화 사진찍기 대회, 학급 야생화 기르기 대회 등등. 매달 계획, 실행, 심사, 상장 수여, 생활기록부 기록의 업무가 무한 반복되었다.

『학교 가기 싫은 선생님』의 주인공처럼 교문을 들어서기가 무서웠다. 돌아서 도망가고 싶었다. 교실 문을 열기가 겁이 났다. 교직 생활 처음으로 방학을 간절히 기다렸다. 그런데 난 학생도 아니고 선생님이다. 선생님이 학교에 가기가 싫다니, 그래도 되는 건가?

때론 처음 만나는 규칙이나 방법이 익숙지 않아 우린 곧잘 '전에 근무하던 학교에서는' 하면서 비교하곤 한다. 그런 모습을 보이면 적응하기 힘들겠다며 처지를 이해하기보다 세련되지 못한 모습이라며 일축해 버린다.

누구나 새로운 곳에 가면 낯설고 힘들다. 하지만 인간은 환경에 적응하기 마련이다. 금방 익숙해지면 또 아무런 일 없이 잘 뿌리를 내린다. 그림책 마지막 면지에서도 주인공은 괴물처럼 보이는 친구들 속에서 두려움에 떨지만, 책이 없으면 같이 보자는 친구, 눈이 마주쳤을 때 웃어 주는 친구들이 있다. 주인공 선생님은 아이들을 만나기 전 엄청난 두려움으로 교실 문을 열지만 모두 웃으며 '안녕하세요?'라며 반기는 친구들 덕분에 '우아! 학교 오기 참 잘했어요!'라고 말한다. 나도 적응하고 돌아보니 그때 선생님이 제일 좋다며 하트를 날려 주던 학생들, 오랜만에 담임한다고 부탁도 하기 전 이것저것 미리미리 챙겨서 복사해 주고, 파일을 건네주던 동료가 있었다. 1년 내내 '내 월급을 선생님과 나누어야 해!'라고 농담 반 진담 반으로 건네던 동료들이 있었다. 어쩌면 내가 냉대라고 생각했던 일들은 실제보다 심리적으로 더 크게 작용했을 수도 있었다.

새로운 것을 규칙으로 받아들인다는 것은 누구에게나 엄청난 스트레스다. 혹여 내게 익숙했던 규칙을 다른 사람에게 일방적으로 강요한다면 그것은 폭력이 될 수 있다. 새로 온 교사에게 '로마에 오면 로마법을 따르라'라는 방식은 폭력일 수도 있다는 것을 알아야 한다. 다른 학교에서 온 교사들에게 좋은 정보를 얻을 수 있다는 포용력을 가진 시각으로 대하는 것이 필요하다.

나와 마주하는 질문

- 새 학교에 가기 두려운 적이 있었나요?
- 새 학교로 옮겼을 때 어떤 것이 힘들었나요?
- 새로 가는 학교의 동료 교사에게 어떤 것을 배려받고 싶나요?

모든 일을 잘하려는 욕심에서 벗어나기

『엄마는 해녀입니다』, 고희영 글, 에바 알머슨 그림, 난다

수업, 학급운영, 행정업무 등 모든 일을 잘 해내려고 노력하는 교사들이 많다. 학교의 기본적인 일 외에도 각종 연구회 활동, 학습 모임 참여, 교육청 일까지 그야말로 여러 방면에서 자신의 능력을 발휘하려고 애쓴다. 교사는 슈퍼맨이 아닌데 욕심을 버리지 못하다 보니 몸과 마음이 소진되고 있다는 것도 알아차리지 못한다. 뭐든 잘 해내고 싶은 욕심을 버리지 못해 힘들 때 만난 책이 바로 『엄마는 해녀입니다』이다.

교직 경력이 쌓이면서 모든 일을 잘하고 싶은 욕심이 생겼다. 배움중심수업을 하며 학생들의 생각하는 힘을 키워 주고 싶었다. 회복적 생활교육, 비폭력대화 등으로 민주적이며 마음으로 연결되는 학급을 운영하고 싶었다. 행정업무 면에서도 신속한 공문처리와 함께 담당하고 있는 업무를 실수 없이 처리하고 싶었다.

학교에서 생활하는 것만으로는 부족함을 느껴 시선을 학교 밖으로 옮겼다. 다양한 연구회와 학습 모임에 가입해서 열정적으로 배우고 실천했다. 연구회를 통해 교육청 업무를 맡기도 했다. 교육청 주관 행사나 프로젝트에 지원단으로도 참여했다. 경력이 좀 더 쌓이자 행사 전체를 기획 및 운영하는 일도 생겼다.

그렇게 열심히 살다 보니 여러 기회가 주어졌다. 책을 집필하기도 했고, 원격 연수를 제작하기도 했다. 교육청으로부터 인정을 받아 각종 상을 받기도 했다. 동료 교사들은 학교 일만 하기도 벅찬데 그 많은 일을 해내고 있다면서 부러워했다. 그런 칭찬의 말을 들으니 더 잘하고 싶은 욕심이 생겼다. 그야말로 욕심으로 가득 찬 시기였다. 그러던 중 『엄마는 해녀입니다』를 읽다가 나의 교사 생활을 돌아보게 하는 문장을 만나게 되었다.

『엄마는 해녀입니다』

고희영 글, 에바 알머슨 그림, 난다

"오늘 하루도 욕심내지 말고
딱 너의 숨만큼만 있다 오거라."

『엄마는 해녀입니다』는 제주도 해녀 이야기를 다룬 그림책이다. 그림책 속 엄마는 어린 시절 해녀가 되기 싫어 도시로 떠난다. 해녀인 자신의 엄마처럼 평생 바다에서 물질하며 살기가 싫었다. 하지만 시간이 지날수록 바다가 그리워져 고향으로 돌아와 해녀가 된다.

해녀들은 물속에서 숨을 참고 있다가 물 밖으로 나와 숨을 몰아서 쉰다. 그때 호오이~ 호오이~ 소리가 나는데 이를 숨비소리라고 한다. 해녀들은 바닷속에서 욕심을 부리지 않는다. 바다는 인간의 욕심을 허락하지 않기 때문이다. 해녀들은 바다를 바다밭이라고 부른다. 그 밭에 전복씨도, 소라씨도 뿌리며 잘 관리한다. 욕심내지 않고 자기 숨만큼만 머물면서 바다가 주는 것을 가져온다. 그래서 해녀들은 공기통을 사용하지 않는다.

사람은 누구나 욕심을 지니고 있다. 욕심은 우리의 삶을 더 나은 방향으로 이끈다. 현재 자신이 처한 삶에서 부족한 점을 찾아내고 이를 개선할 수 있게 해준다. 그런데 문제는 욕심이 끝이 없다는 데 있다. 해녀들처럼 얻을 수 있는 만큼만 자기 것으로 만들어야 하는데 가끔 자신의 능력에서 벗어나 더 많은 것을 얻으려고 욕심낼 때 문제가 생긴다.

사실 학교 일을 잘하는 것도 벅찼다. 수업은 매시간 원하는 대로 흘러가지 않았고, 학급에서는 수많은 문제가 발생했다. 그런데도 학교 일만으로는 성에 차지 않았다. 학교 일을 마치고 연구회, 학습 모임에 열심히 참여했다. 집에 돌아오면 한밤중이었다. 주말에도 교육청 행사 준비 등으로 쉴 틈이 없었다. 그런데도 어느 것 하나 손에서 놓을 수가 없었다. 그동안 내가 일군 일들에서 멀어지기가 두려웠다. 욕심을 버리기 힘들었다.

『엄마는 해녀입니다』에서 하루는 엄마가 바다에서 커다란 전복을 캐려고 욕심을 내다 위험에 빠지는 일이 생기는데 할머니의 도움으로 간신히 목숨을 구한다.

예전에 난 물속에서 더 많은 전복과 소라를 따려는 엄마처럼 더 많은 일을 잘하려고 발버둥 치고 있었다. 내가 참을 수 있는 숨만큼을 벗어나 있었다. 물 밖에서 호오이~ 호오이~ 숨비소리를 내며 내가 살아 있음을 알아야 했는데 그러지 못했다.

몇 해 전 교육청 큰 행사에 참여했다. 도교육청에서 주목하는 행사라 많은 교사가 지원단으로 참여했다. 그동안의 활동을 인정받아 교육청 행사의 실질적인 총괄 업무를 담당하게 되었다. 부담이 컸다. 많은 교사를 이끌며 행사를 잘 마무리할 자신이 없었다. 그러나 한편으로는 이 일을 잘 마치고 나면 많은 사람에게 인정받을 기회라고 생각했다. 그런 기대를 갖고 행사를 잘 해내려고 열심히 일했다.

하지만 계획을 구상하고 준비하는 과정이 원만하게 이루어지지 않았다. 처음으로 큰 행사를 주도하는 거라서 부족한 점이 많았다. 행사일은 가까워지는데 걱정이 많았다. 주말 휴식도 반납하고 행사 준비를 했다. 그러던 어느 주말 오후 행사 담당 장학사로부터 전화가 왔다. 장학사는 교육청 단위 큰 행사인데 잘못될까 봐 걱정되는 마음에 쓴소리를 했다.

"어차피 장학사 길로 들어설 선생님이라서 하는 말인데 이런 식으로 일 처리를 하면 어떻게 해. 일을 맡았으면 똑바로 해야지. 지금 제대로 준비된 게 아무것도 없는데 행사는 어떻게 할 거야?"

장학사의 말을 들으며 당혹스러웠다. 교육청 일을 도와주고 있는 입장에서 듣기 상당히 불편한 말이었다. 아랫사람을 대하듯이 반말을 했다. 내가 이런 말을 들으면서까지 이 일을 해야 하는 건지, 계속해서 이렇게 생활해야 하나 정신이 번쩍 들었다.

해녀가 물속에서 더 많은 전복을 캐내려고 참을 수 있는 숨을 벗어나면 어떻게 될까? 내가 감당할 수 있는 범위에서 벗어나 일을 계속하면 어떻게 될까?

그제야 알 것 같았다. 난 욕심을 내고 있었다. 내가 감당할 수 있는 범위 안에서 할 수 있는 일에 최선을 다하면 되는데 더 잘나 보이고 싶고, 남들에게 인정을 받고 싶어서 무리를 해 왔다. 그 결과 몸과 마음이 완전히 지쳐 버렸다. 교사가 해야 할 기본적인 일도 해내기 어려울 만큼 지쳐 있었다. 이대로는 안 될 것 같았다. 그래서 학교 밖 활동을 중단하고 교사의 기본인 수업과 학급운영에 충실하자고 결심했다.

학교 밖 활동을 중단할 때 두려움이 컸다. 교사로서의 경력이 멈출 것 같았다. 다른 교사들에게 뒤처질 것 같았다. 하지만 학교생활에 충실하다 보니 오히려 더 큰 즐거움과 보람이 있었다. 그동안 바쁘다는 핑계로 제대로 바라보지 못했던 아이들이 눈에 들어오기 시작했다. 지쳤던 몸과 마음도 조금씩 회복이 되기 시작했다. 시간적 여유가 생기면서 가족과 함께하는 시간도 자연스레 늘어났다. 모든 일을 잘하고자 하는 욕심을 버리고 나니 교사로서의 삶에 긍정적인 변화가 생기기 시작했다. 오늘 하루도 욕심내지 말고 딱 나의 숨만큼만 살아가는 해녀처럼 살아야겠다.

나와 마주하는 질문

- 과한 업무에 버겁다고 느끼나요?
- 자신이 지금 하고 있는 일들 중에서 할 수 있는 일과 욕심내서 하는 일을 구분해 보세요.
- 욕심내서 하는 일을 그만둘 용기가 있나요?

동료 교사와 비교하니
자존감이 떨어져요

「슈퍼 거북」, 유설화 지음, 책읽는곰

학교에는 특별히 뛰어난 교사들이 있다. 멋진 수업으로 학생들의 존경과 사랑을 받고, 교육청 지원단과 연수 강사로도 활약이 뛰어난 분들이다. 인격도 훌륭하시다. 말 한마디로 지친 동료 교사들을 위로하고 자신의 지식을 아낌없이 나눠 준다. 학교 현장에서 헌신하며 늘 더 나은 교육을 고민하시는 그분들과의 대화는 피가 되고 살이 된다. 그런 선생님들처럼 남보다 뛰어난 교사가 되고 싶어 노력하다가 지치고 자존감마저 떨어졌을 때 『슈퍼 거북』을 만났다.

신규 발령을 받은 지역에서 10년이 훌쩍 넘게 근무하고 처음으로 지역을 옮겼다. 그곳은 혁신 교육을 열심히 추진하는 지역이었고, 나는 그중에서도 지역 가산점이 있는 학교에 발령을 받았다. 이른바 점수 학교에 근무하는 교사들은 그동안 내가 근무했던 학교의 교사들과는 사뭇 달랐다. 대화의 주제도 개인적인 삶보다는 수업과 학교 업무에 관한 것이 대부분이었고, 학교 일에 교육청 일까지 하루를 48시간처럼 바쁘게 사는 사람들이 많았다.

그중에서도 특별히 뛰어난 교사들이 있었다. A 교사는 혁신 교육 분야에서 전문성이 뛰어나 교사 연수에 자주 강의를 나갔다. 평소에는 자신의 수업을 전 교사에게 수시로 공개하며 수업 혁신에 앞장서는 멋진 선생님이었다. B 교사는 박사과정을 밟으며 교수들과 팀을 이루어 연구를 진행하는 학구파 선생님이었다. 학교 밖 전문가들과 연계한 프로젝트 수업으로 학교 전체를 활기차게 만들기도 하고, 독서 토론 동아리를 이끌며 동료들과 함께 교육철학을 나눌 줄 아는, 배움과 실천이 모범적인 분이었다.

이런 교사들을 보고 있자니 자꾸 비교가 되고 그럴수록 내가 더 초라하게 여겨졌다. 경력은 나랑 비슷한데 어쩜 저렇게 많은 성과를 낼 수 있을까? 나는 그동안 뭘 했던 걸까? 자존감이 확 떨어졌다. 고등학교 담임만 내리 하다 보니 행정업무는 미숙하기 짝이 없었고, 수업에서도 이렇다 할 나만의 브랜드가 있는 것도 아니었다. 환경이 사람을 만든다고 했던가? 그동안은 그저 수업 준비를 성실하게 하고 학급 관리만 잘하면 된다고 생각했는데, 이 학교에 오니 내가 너무 안일하고 게으른 교사라고 느껴졌다. 하지만 3년차 교사도 자신만의 수업 노하우를 가지고 강의를 척척 해내는 학교에서 나의 미숙함을 들키고 싶지는 않았다. 나도 저 멋진 선생님들처럼 되고 싶었다.

우선 맡은 업무부터 최선을 다했다. 아마도 그전에 내가 했던 모든 업무의 총량을 합해도 그 한 해 동안 한 일보다 적을 것이다. 더구나 업무가 미숙한 탓에 일처리가 늦어져서 매일같이 일을 싸들고 퇴근했다. 다행히 성과가 좋아서 상도 받았고 학교에서는 꽤 유능하다는 평가를 받게 되었다.

다음은 수업이었다. 강의 중심 수업은 자신 있는 편이었는데, 중학교는 활동 중심 수업이 대세였다. 학생들과 눈높이를 맞추지 못해 수업 진도 계산에 애를 먹었고, 수업이 지루하다는 원성도 많이 들었다. 그래서 수업 연구회에도 들어가고 여기저기 좋다는 연수를 찾아다녔다. 취미 생활이었던 독서도 수업과 교육을 위한 생존형 독서로 바꾸었다.

몇 년의 노력 덕분일까? 나는 어느새 연구회 운영진이 되었고, 여러 선생님들과 함께 수업과 학급운영 노하우를 담은 책을 집필하기도 했다. 가끔은 외부 강의도 나가고 교육청 지원단 활동도 했다. 학교 일도 많은데 외부 강의에 집필까지 언제 그 일을 다 하는지 진짜 대단하다고 인정해 주며 나를 부러워하는 교사들도 생겼다.

하지만 연구회나 교육청 활동, 연수에서 만난 선생님들은 학교 안에서 만나는 동료들보다 훨씬 더 뛰어난 능력자들이었다. 겸손하고 따뜻한 말로 지친 교사들을 위로했고 자신이 가진 재능과 지식을 아낌없이 나눠 주셨다. 그런 교사들과 나를 비교하니 나의 부족함이 더 크게 느껴졌다.

능력 있는 교사가 되기 위해 몇 년간 최선을 다해 노력했고 주변의 인정도 받기 시작했는데 왜 나는 행복하지 않고 자꾸만 자존감이 낮아지는 걸까? 자존감이 떨어지니 의욕도 사라지고 지치기만 했다. 이런 고민이 계속될 때 선생님들과 함께하던 그림책 공부 모임에서 『슈퍼 거북』을 만나게 되었다.

『슈퍼 거북』은 이솝우화 '토끼와 거북이'에서 경주 이후의 이야기를 상상한 그림책이다. 토끼가 깜빡 잠든 사이 결승점에 먼저 도착한 거북이 꾸물이는 그날로 스타가 된다. 상대의 실수로 얻어진 명성은 꾸물이에게 큰 부담으로 다가온다. 동물들은 세상에서 가장 빠른 거북이라며 칭송했고 꾸물이는 그 기대에 부응하기 위해 밤낮

없이 달리고 또 달린다. 드디어 꾸물이는 전투기보다도 빠른 진짜 슈퍼 거북이 된다. 꾸물이는 행복했을까?

　꾸물이를 보는 순간 '나다'라는 느낌이 팍 왔다. 주변 사람들의 시선 때문에 빨라지기 위해 연습하는 꾸물이, 그러다 어느 순간 거울 속에서 천 년은 늙은 것 같은 자신을 발견하는 꾸물이는 미숙함이 들통날까 봐서 어떻게든 능력을 키우기 위해 발버둥치는 내 모습이었다.

　무리한 연습으로 지쳐 버린 꾸물이에게 어느 날 토끼가 찾아와 다시 경주를 신청한다. 슈퍼 거북 꾸물이에게 토끼는 상대가 되지 않았다. 하지만 경주에 대한 부담감으로 며칠 밤잠을 설친 꾸물이는 그만 도중에 잠이 들어 버린다. 경주에서 진 꾸물이는 어떻게 되었을까? 동물들의 비난과 주변의 실망이 쏟아지리라는 예상은 완전히 빗나갔다. 작가는 마지막 장면에 홀가분한 표정으로 단잠에 빠진 꾸물이를 그려 놓았다. 꾸물이는 그날 이후 좋아하는 볕을 쪼고 꽃을 가꾸며 수영을 즐기는 느린 삶으로 돌아간다.

　『슈퍼 거북』의 결말은 나의 지난 몇 년을 되돌아보게 했다. 멋진 교사들을 부러워하며 일에 매진했던 건 나의 미숙함을 들키고 싶지 않아서였고 나도 그들처럼 남들의 인정을 받고 싶어서였다. 그렇게 되면 교사로서의 자존감도 높아지고 행복해질 것 같았는데, 그 생각이 틀렸음을 그림책의 마지막 장면을 보고 깨닫게 되었다. 꾸물이

『슈퍼 거북』

유설화 지음, 책읽는곰

그런데 사실…… 꾸물이는 너무 지쳤어.
딱 하루만이라도 푹 쉬고 싶었지.

무엇보다도 예전처럼 천천히 걷고 싶었어.

가 느림보라고 놀림 받고 무시당할까 봐서 그토록 노력했는데, 정작 경기에서 졌을 때 동물들의 시선은 너무 쉽게 새로운 우승자에게로 옮겨간다. 그처럼 자신의 본성을 외면한 채 타인의 인정만을 갈구하는 삶은 절대 행복할 수 없었다.

꾸물이의 모습을 보며 나는 어떤 본성을 지닌 사람인지 생각해 보았다. 나는 사람들 앞에 서려면 많은 준비가 필요한 소심한 사람이었다. 남의 장점이 크게 보이고, 스스로의 잘한 점보다는 부족한 점이 더 마음에 걸려 자신감이 떨어지는 사람이었다. 그런 내가 다른 이들, 더구나 교사들 앞에 서는 삶을 부러워했으니 벅차고 부담스러울 수밖에 없었고 그럴수록 자존감은 더 떨어졌던 것이다.

자신의 본성을 인정하면서 편안해진 꾸물이처럼 나도 나의 소심하고 느린 본성을 인정하기로 했다. 속도를 내는 삶은 나에게 어울리지 않았다. 나는 천천히 가더라도 한 걸음 한 걸음 꽉 채워야 스스로를 인정할 수 있는 사람이니까, 남과의 비교보다는 자신을 인정할 수 있게 내공을 쌓기로 했다.

그리고 교사로서의 자존감을 남의 인정이 아닌 수업에서 찾기로 했다. 생각해 보니 내가 가장 행복하고 편안할 때는 학생들과 수업이 잘 되었을 때였다. 수업을 준비할 때 가장 교사답다고 느꼈고, 당당할 수 있었다. 외부에서 할 강의 아이템을 얻기 위함이 아니라 학생들에게 정말 도움이 되는 수업을 구상하니 뿌듯하고 즐거웠다. 유능해지기 위함이 아니라 좋은 수업을 하기 위함으로 목적을 바꾸니 연수와 연구회에 참석하는 것이 오히려 나에게 활력이 되었다.

    남들에게 인정받으려는 욕구, 남들보다 잘나가고자 하는 욕심을 내려놓으니 마음이 한결 편안해졌다. 남보다 유능할 필요는 없었다. 나의 학생들과 내가 만족하는 수업을 하면 되었다. 수업 한 시간 한 시간을 반짝이는 배움으로 채워가는 교사의 노력, 이제 이것이 내 자존감의 원천이다.

나와 마주하는 질문

- 꾸물이의 모습에서 자신의 모습을 발견하셨나요?
- 유능한 교사와 비교하며 움츠러들었던 경험이 있나요?
- 선생님의 자존감의 원천은 무엇인가요?

아플 때 눈치 안 보고
쉬고 싶어요

『아모스 할아버지가 아픈 날』, 필립 C. 스테드 글,
에린 E. 스테드 그림, 열린책들

교사라면 성대 결절은 꼭 한 번씩은 걸리며, 장시간의 컴퓨터 작업으로 인해 뭉친 어깨 근육과 허리 디스크, 스트레스로 인한 편두통과 만성 위장병을 달고 산다. 또 하루 4~5시간씩 서서 수업하고 계단을 오르락내리락 하느라 다리는 늘 퉁퉁 부어 있다. 하지만 아파도 마음대로 쉴 수도 없는 것이 바로 교사다. 하루 쉬면 그날의 일을 내일 더 보태서 해야 하는 부담감 때문에 쉬는 것도 편하지 않다. 늘 이런 부담에 시달리는 내게 『아모스 할아버지가 아픈 날』은 '아프면 쉬어도 된다.'라고 따뜻하게 위로를 건네 준 책이다.

한번은 아침에 일어나니 오른팔이 움직이지를 않았다. 손이 붓고 팔이 저릿저릿한 증상이 몇 달째 있었지만, 고등학교 3학년 담임을 맡으며 맘 편히 병원 한번 다녀올 엄두가 나지 않았다. 검사하고 진료 받고 물리치료까지 받으면 족히 2시간은 걸리기 때문에 짬을 내기가 쉽지 않았다. 혼자서 찜질도 하고 체조도 하면서 그럭저럭 버티고 있었는데 급기야 그날 아침 올 것이 오고야 만 것이다. 병가를 내고 하루 쉬고 싶었지만 잡아둔 입시상담과 수업이 있었기에 그럴 수도 없었다. 운전대를 부여잡고 겨우 출근을 하고 급한 상담과 수업을 마친 후 수업이 없는 시간에 부랴부랴 병원으로 갔다. 병원을 추천받긴 했지만 그런 곳을 찾아갈 형편이 아니다. 학교와 제일 가까운 곳으로 달려가 이것저것 검사를 한 뒤 목 디스크라는 판정을 받았다. 순환이 잘되지 않아 뭉친 근육들이 결국은 탈을 일으킨 것이다. 앞으로 장기간의 치료가 필요하며, 약 먹고 침 맞고 뜸뜨고 견인하고 추나 요법 등 이런저런 것들을 해야 한다고 했다. 첫날 검사와 치료에 3시간은 족히 걸린 것 같다. 의사는 적어도 일주일에 3번씩은 와서 치료를 받으라고 했지만, 일주일에 한 번 가기도 쉽지 않았다. 12번의 물리치료를 예약하고 치료를 받는데 6개월은 걸린 것 같다. 학년말이 될수록 일이 더 많아졌기 때문이다.

그러면서 주변을 둘러보니 정말 아픈 선생님들이 너무 많았다. 성대 결절로 벌써 두 번의 수술을 하신 분을 비롯해 만성 위장병으로 매운 음식을 잘 못 드시는 분 등. 누가 어디가 아프다고 하면 '어, 내가 거기 아파 봐서 아는데…'라며 다들 전문가 수준의 조언을 해 주었다.

『아모스 할아버지가 아픈 날』의 아모스 할아버지는 동물원에서 일한다. 동물원에서 할 일이 아주 많지만 동물 친구들을 방문하는 일을 거르지는 않는다. 아침부터 밤까지 열심히 동물원에서 일하던 아모스 할아버지는 어느 날 아침, 감기에 걸려 결근을 하게 된다. 그러자 동물 친구들이 병문안을 오고, 아모스 할아버지가 그들에게 그랬던 것처럼 할아버지를 살뜰히 보살핀다.

아모스 할아버지의 생활은 교사의 삶을 닮아 있다. 매일 같은 시간 출근하면 이런저런 업무가 잔뜩 있지만 학생들을 만나고 그들의 이야기를 들어주고 학업의 동반자가 된다. 다른 점이 있다면 아모스 할아버지는 감기 증상을 느끼고 하루 쉬어야겠다는 결정을 스스로 하고 결근을 하지만, 교사는 그렇게 할 수 없다는 것이다. 웬만큼 몸을 움직일 수 있다면 당연하게 출근하고, 당연하게 업무를 마무리해야 한다. 이런 생활이 반복되다 보니 병을 얻는 것은 너무나 당연한 결과이다. 그렇다고 먹는 것을 잘 챙겨 먹기도 힘들다. 초근까지 있

『아모스 할아버지가 아픈 날』

필립 C. 스테드 글, 에린 E. 스테드 그림, 열린책들

어느 날 잠에서 깨어난 아모스 할아버지는 콧물이 흐르고 재채기가 나고 몸이 오슬오슬 추웠습니다.
"음, 오늘은 일하러 갈 수가 없겠군."

는 날은 하루 14시간 정도 학교에 있게 되는데, 점심과 저녁을 급식으로 해결하다 보니 신선한 채소와 과일 섭취가 부족하고, 말을 많이 하는 직업이다 보니 금세 배가 허해져 주섬주섬 먹은 군것질로 늘 속이 더부룩하고 소화가 잘 안 된다. 덤으로 얻은 살로 체중은 계속 불어나고, 이는 또 다른 병으로 이어진다.

학교 환경 또한 그리 좋지만은 않다. 학교에 있다 보면 '교사들의 건강은 그리 중요한 문제가 아닌가?'라는 생각을 가끔 하게 된다. 황사가 심해 유치원을 비롯해 초중고 전 교실에 공기 청정기가 설치되었다. 하지만 공기 청정기가 설치된 교무실은 단 한 군데도 없다. 또 해마다 많은 예산을 들여 학생들의 휴게 공간을 꾸미고 있지만 정작 교사들은 마땅히 쉴 휴게 공간이 없다. 특히 온종일 학생들과 한 교실에 있어야 하는 초등 교사들에게는 그런 휴식이 더 필요한데도 말이다. 또 온갖 질병으로부터도 교사는 안전하지 않다. 올해 코로나가 발생했을 때도 학생들의 감염만 신경을 썼지, 누구 하나 교사의 감염에 대해서는 별로 신경 쓰지 않는 듯했다. 감염자가 수백 명 나오는 불안한 상황 속에서 집에 어린 자녀를 둔 교사들은 하루하루 위험한 출퇴근을 반복했다. 지금처럼 수많은 감염자와 사망자가 나왔던 신종플루 때는 학생뿐만 아니라 교사 중에서도 감염자가 꽤 나왔었다. 그때도 나는 '오늘은 누가 아플까?', '나도 그 반 수업했는데 혹시 나도?'라는 생각을 매일하며 등교를 하고는 했다.

또한 고등학교 교사에게 수학 능력 시험은 피할 수 없는 업무로 교사는 방호복을 입고 감독을 서야 했다.

나는 2020년 결핵 판정을 받았다. 내게 결핵균이 있을 거라는 상상은 단 한 번도 해 본 적이 없다. 그런데 결핵 검사에서 양성판정이 나왔다. 비록 비활동성이기는 하지만 적잖이 충격을 받았다. '매일매일 바쁜 업무로 하루 4~5시간 밖에 못 잤던 것이 원인일까?', '주말에도 쉬지 못하고 일해서 그럴까?', '밥을 잘 챙겨 먹지 않아서 그런가?', '커피를 너무 많이 마셨나?' 이런저런 생각에 머리가 띵했다. 한국사람 열에 셋은 보유하고 있을 정도로 우리나라에는 결핵환자가 많다고 한다. 대부분이 결핵균이 몸속에 잠재해 있다 면역이 약해지면 나처럼 나타난다는 것이다. 작년에 이어 올해도 고3 담임을 맡으면서 누적된 피로의 결과일 것이다.

학생들은 아프면 조퇴도 하고, 병 결석도 하지만 나는 그동안 그렇게 살지 못했다. 몸이 아프다는 것은 쉬라는 신호이다. 그 신호를 무시하면 더 큰 병이 될 것은 너무나 뻔한 일이다.

전염의 우려는 전혀 없고 약만 4개월 정도 꾸준히 복용하면 완치될 수 있다고는 하지만 주변에서는 내가 곧 죽을병에라도 걸린 것처럼 난리가 났다.

옆에서 매일 비타민을 챙겨주는 선생님, 몸보신해야 한다고 맛난 거 싸다 주시는 선생님, 약 챙겨 먹는 거 잊어버릴까 봐 약 먹었는지 매일 확인해 주는 선생님 등 주변을 돌아보니 나를 걱정해 주는 많은 동료 교사들이 있다. 아모스 할아버지가 아플 때 옆에서 챙겨 주던 동물 친구들처럼.

이렇게 좋은 동료 교사들과 나를 필요로 하는 많은 학생을 위해서라도 이제부터 건강을 더 챙겨야겠다. 그리고 몸이 아프면 당당히 "쉬겠습니다!"라는 말을 해야겠다. 그래서 오래오래 건강한 교사로 남아야겠다.

나와 마주하는 질문

- 몸이 아플 때 눈치 보지 않고 쉬겠다고 말하는 편인가요?
- 아프다고 말하는 게 왜 어려울까요?
- 교사가 건강을 지키기 위해서 동료 교사는 어떤 도움을 줄 수 있을까요?

업무 능력이 부족하다고 느낄 때

『이까짓 거!』, 박현주 지음, 이야기꽃

교사라면 누구도 피해갈 수 없는 여러 행정 업무들이 있다. 수업 준비와 학생들 상담하기도 바쁜데, 행정 업무들이 발목을 잡을 때가 있다. 그나마 한 번에 그 일을 잘 처리하면 괜찮지만, 일이라는 것이 꼭 그렇지 않다. 같은 일을 두 번, 세 번 반복하다 보면 자신의 업무 능력에 자괴감이 들고, 일을 처리하는데 더 위축될 뿐만 아니라, 남의 눈치까지 봐야 하는 상황에 이른다. 이런 고민에 빠져 있을 때 단 한마디로 고민을 해결해 준 책이 『이까짓 거!』이다.

초임 시절 업무에 미숙했던 나는 서류 기안 하나 하는데도 몇 번씩 취소와 상신을 반복하고는 했다. 안 그래도 이 일 저 일로 화장실 갈 시간도 없이 종일 교무실 책상에 앉아 밀린 업무들을 처리하고 있는데, 이처럼 똑같은 일을 반복하며 시간을 낭비하게 되면 정말이지 머리를 쥐어박고 싶어진다. 일이 많아서, 빨리하려고 하다 보니 그런 거라고 이런저런 핑곗거리를 찾아보지만 큰 위로가 되지는 않았다.

수업에 있어서는 나름 자신감을 가지고 다른 선생님들과 수업 노하우를 나눌 정도는 되었지만 행정 업무 분야는 이야기가 달라진다. 평소 꼼꼼하지 못한 성격과 덜렁거리는 습성으로 늘 한 번에 업무를 처리하지 못하다 보니, 일은 일대로 계속 하면서 바쁜데, 업무 진도는 안 나가는 그런 답답함이 있다.

한번은 토론대회를 위해 제출한 토론 개요서를 받아 둔 것을 까맣게 잊어버리고는 안 받았다고, 내가 갖고 있지 않다고 우겼다. 그러다 책상 서랍 한 귀퉁이에서 개요서 뭉치를 찾고는 선생님들과 학생들에게 사과한 적도 있었다.

사정이 이렇다 보니, 이제는 일을 처리하는데 주변 사람들을 괴롭히게 된다. 금방 처리했던 일도 뒤돌아서면 까먹는 나이인지라, 옆 사람, 앞 사람 되는대로 붙잡고 묻게 된다. 민폐도 이런 민폐가 없다.

그러던 어느 해 연구부에서 교원평가 업무를 담당할 때였다. 교사 평가 명단을 작성하고, 동료평가, 학생평가, 학부모 평가 항목으로 나누는 작업을 하고 평가를 모두 마쳤는데 선생님 중 한 분의 학생 참여율이 0%로 나온 것이다. 평소 학생들에게 매우 인기가 많은 선생님이었기 때문에 직감적으로 무언가 잘못되었다는 것을 느꼈다. 아니나 다를까, 알고 보니 평가 명단을 작성하는 과정에서 그 선생님의 명단을 누락한 것이었다. 하지만 이미 평가 기간이 끝나 버린 후였기에 어떻게 손 쓸 방도가 없었다. 당시만 해도 교원 평가 점수가 낮으면 컨설팅을 받아야 했는데, 나의 실수로 잘못하다가는 그 분이 컨설팅을 받아야 하는 일이 생길지도 모르는 상황이었다.

교육청에 문의해 본 결과 학생 참여율이 0%로 나오면 안 된다는 답변을 듣고 어떻게 처리해야 하는지 이틀 내내 이곳 저곳에 문의하고, 답변 듣고, 또 회의하는 일을 반복했다.

'한 번 더 확인할걸……' 뒤늦은 후회만 밀려왔다. 어찌어찌해서 일단락되기는 했지만, 나 때문에 맘고생을 한 동료 교사들에게 너무너무 미안한 마음이 들었다. 다들 괜찮다고, 실수할 수 있다고 위로의 말을 건넸지만 나 자신에 대한 실망감은 이루 말할 수 없었다.

겉으로는 아닌 척했지만 그 후로는 업무를 하는 데 있어 나 자신을 믿지 못하게 되었고, 점점 행정 업무에 자신감을 잃어 가고 있었다. 그때 『이까짓 거!』라는 책을 만나게 되었다.

비가 내리는 하굣길, 홀로 남은 주인공 여자아이. 친구 엄마가 마중 올 사람이 없으면 같이 가자고 했지만, 엄마가 데리러 올 거라서 괜찮다고 거짓말을 한다. 그때 준호라는 친구가 말을 건넨다. 주인공처럼 우산이 없지만 그 친구는 과감히 빗속으로 뛰어든다. 주인공도 같이 뛴다. 피아노학원 앞에 도착해서 준호는 학원으로 들어가고 주인공은 다시 혼자가 된다. 빗속을 또다시 혼자 달리던 주인공을 보며 주변의 사람들이 또 같이 우산을 쓰고 가지 않겠냐며 묻는다. 하지만 주인공 여자아이는 여전히 괜찮다고 한다. 하지만 거짓말이 아니라 정말 괜찮았다.

이 책에서 주인공도 주인공이지만 '준호'라는 친구가 눈에 들어왔다. 남들에게 다 괜찮다고 했지만 실제로는 괜찮지 않았던 여자아이가 정말 괜찮다고, 이까짓 거 아무것도 아니라고 용기 내어 빗속을 달릴 수 있게 해 준 것은 바로 함께 달려 준 '준호'라는 친구가 있었기 때문이었다.

나도 그랬다. 늘 덤벙거리고 일 처리를 한 번에 하지 못해서 힘겨워할 때 내 옆의 많은 '준호' 같은 선생님들이 나와 함께 빗속을 달려 주었기 때문에, 내게 주어진 벅찬 업무들도 '이까짓 거!'라고 외

『이까짓 거!』

박현주 지음, 이야기꽃

이번엔 정말이다.
"이까짓 거!"

치며 해결해 나갈 수 있었다. 이 책을 읽은 후로는 나도 누군가에게 '준호'가 되고 싶어졌다. 어떤 행사를 기획하거나 새로운 아이디어가 필요할 때는 주변의 인맥을 동원해 강사진을 섭외해 주고, 새로운 일을 만들어 내는데 아이디어를 보태는 일 정도는 할 수 있었다. 그러다가 얼마 전 교무실에서 고3 학생들이 지원하는 대학과 학과를 프로그램에 입력해야 하는 업무를 알려줄 기회가 생겼다. 방법을 몰라서 우왕좌왕하는 선생님들에게 차근차근 입력하고, 잘못 입력했을 때 삭제하는 방법까지 알려드렸다.

나는 속으로 외쳤다.

'이까짓 거! 나도 할 수 있다고!'

하지만 나는 오늘도 실수를 한다. 그래도 여전히 그분들은 괜찮다고 해준다. 내 실수를 너그러이 감싸 주는 선생님들을 위해서라도 용기 내어 더 열심히 업무에 임해야겠다는 다짐을 오늘도 해 본다.

나와 마주하는 질문

- 교사의 업무 중 어떤 점을 힘들어 하시나요?
- 주변에 '준호' 같은 존재가 있나요? 있다면 어떤 부분을 도움받았나요?
- 선생님은 다른 선생님에게 어떤 도움을 줄 수 있나요?

학교와 가정에서 균형잡기

『엄마, 잠깐만!』, 앙트아네트 포티스 지음, 한솔수북

학교생활을 하다 보면 엄마라는 역할보다 교사라는 역할에 치중하게 되는 경우가 허다하다. 시간도 에너지도 공적인 위치에 주어지는 책임감에 모두 쏟고 영혼까지 탈탈 털린 채로 가정으로 돌아오기가 일쑤이다. 교사로서 해야 할 역할과 엄마로서 해야 할 역할 사이에서 균형 있게 살 수는 없을까? 『엄마, 잠깐만!』은 직장생활을 하면서 시간에 쫓기어 사랑스러운 나의 아이와는 여유로운 시간을 보내지 못하는 일하는 엄마들을 꾸짖는 듯하다.

다른 아이들을 가르치는 직업을 가진 엄마로의 삶이 고달프고 지쳐서 내 아이를 자세히 돌보지 못했다. 언제나 공적인 일에 밀려 뒷전이었다. 『엄마, 잠깐만!』 속 엄마처럼 내 아이와 나란히 눈 맞출 여유 없이 살아왔다. 학교 일을 마치고 퇴근하면서 '집으로 출근한다'라는 농담을 남기며 부랴부랴 아이들이 있는 집으로 향하지만 이미 기운이 바닥난 상태였다. 학교생활은 밤낮없이 나를 소진시키며 엄마 노릇을 할 기회를 주지 않았다.

『엄마, 잠깐만!』에서 엄마는 아이의 손을 이끌고 그저 앞만 보고 달려간다. 엄마는 바쁜 듯 연신 시계와 휴대 전화를 들여다보며 달리듯 걸으며 아이에게 "빨리", "서둘러"라고 말한다. 끌려가는 아이는 자꾸 "엄마, 잠깐만!"이라고 외쳐대지만, 엄마에게 돌아오는 대답은 "빨리 가자."뿐이다. 아이의 시선은 엄마에게 끌려가면서도 산책에 신이 난 강아지와도 만나고, 도로 공사하는 아저씨와 손을 흔들며 인사도 하고, 공원에서 꽥꽥 우는 오리를 만나기도 한다. 하지만 엄마는 오직 서둘러 걷기만 한다. 빗방울이 떨어지자 지하철을 타기 위해 엄마는 더 급한 마음으로 아이의 손을 잡아끄는데 아이는 아주 간절하게 "엄마!!! 진짜 진짜"를 외친다. 그제야 엄마는 아

『엄마, 잠깐만!』

앙트아네트 포티스 지음, 한솔수북

"엄마 잠깐만!"
"빨리 가자!"
"엄마, 진짜 진짜로 잠깐만요."

이가 바라보는 곳으로 시선을 돌리며 함께 아름다운 무지개를 바라본다.

　내게 출근이라는 현실이 있는 한 내 아이는 계속 별 볼 일 없고 중요하지도 않은 일에 한눈파는 아이로 취급되고 만다. 책임감으로 똘똘 뭉쳐진 출근길에 아이가 출근을 방해하는 듯한 행동을 하면 "잠깐만, 엄마 학교 갔다 와서."라고 퇴근 후로 미루었고, 학교 갔다 와서는 "잠깐만, 좀 이따가." 하면서 또 밀쳐냈다. 그러다가 아이가 투정이라도 부리면 별일도 아닌 것을 "왜 이렇게 말을 듣지 않냐?"며 작정한 듯이 언성을 높이며 화풀이를 해대서 종종 아이를 울리곤 했다. 그런 식의 양육 태도는 돌봄 부재의 나날들로 아이에게 차곡차곡 쌓여 갔다.

　이렇게 자란 아이는 사실 빈틈이 많았다. 다른 아이들에게 쉽게 다가가지 못하는 모습이 보였다. 아이와 눈높이를 맞추어 가며 상대와 교감하는 경험, 아이의 감정을 읽어 내주며 그것을 다루는 경험을 충분히 해 주지 못한 탓이었다. 유치원에 가면 책 읽지 말고 친구들과 재미있게 놀라고 말했지만, 아이는 "유치원에는 집에 없는 책이 있잖아!"라고 대답했고, 책을 좋아하는 성향의 아이라고 기특해했다. 교사의 눈으로 보면 다른 아이들과 소통을 힘들어하는 아이들이 자주 가는 곳이 도서관이란 사실을 금방 알아차렸을 것이다. 하지만 내 아이는 알면서도 '아직 어려서일 거야!'라며 가볍게 넘겼다.

초등학교 1학년 때에도 아이들과 너무 놀고 싶어 했지만 어떻게 접근해야 하는지 어려워했다. 어느 날 친구 집에 놀러 간다고 나간 딸아이가 1시간이 지나 돌아왔다. "잘 놀다 왔어?"라는 질문에 그 집 앞에서 벨을 누를 용기가 없어서 계속 서 있다가 가족들이 외출하려고 나오는 때 마주쳤는데 외출하려 해서 할 수 없이 돌아왔다는 것이었다. 아이에게 벨을 누르는 일이 얼마나 많은 용기가 필요한 일인지 이해하며 감정을 읽어 주며 보듬어 주어야 했지만 그러지 못했다. 되레 "벨을 못 누르고 1시간이 넘게 서 있었단 말이야. 바보 아니야!"라며 비난만 했다. 그런 반복된 양육 태도는 아이의 자존감을 끌어내리는데 한몫 했을 것이다. 그 후 아이의 친근한 교우관계를 위해 어울리는 기회를 마련해 주어야 한다는 조언에 수영장 나들이, 농장 체험 나들이, 갯벌 나들이 등에 끼어 쫓아다녔고, 온 집안을 숨바꼭질 놀이터로 쑥대밭을 만드는 것을 감수하며 생일잔치도 했다. 마치 밀린 숙제를 해치우는 것처럼.

아이가 4학년쯤 되었을 때 아이 담임선생님으로부터 제대로 경고를 받았다. 정말 끔찍이도 엄마 노릇이 엉망이었음을 깨우쳐 주었다. 선생님은 지난번 글짓기 우수상을 받아 갔는데 아냐고 물어오셨다. 어렴풋이 기억이 났다. 아이가 상장을 들고 와서 내밀었을 때 무심하게 반응했다. 초등학교에서 돌아가면서 하나씩 나누어 주는 상장이라고 내 맘대로 생각했다. 선생님은 상 타왔을 때 아이의 기를 살려 주기 위해 핑계 삼아 외식도 하고 아이를 격려해 주어야 자존감이 높아질 거라고 조언했다. 난 그날 돌아와서 생뚱맞게 아이를 데리고 외식을 했다. 아이가 "엄마 왜?"라고 물었을 때 "응, 너 지난번에 상 타왔는데 엄마가 바빠서 오늘 사 주는 거야!"라고 했더니 아이는 이미 김이 빠졌다는 표정으로 담담했다.

아이의 담임선생님은 아이의 문제가 엄마의 양육 문제임을 알아차린 듯했다. 부끄러웠다. 물론 그 후로도 아이는 쉽게 나아지지 않아서 새 학년 새 학기가 되어 환경이 바뀌고 새로운 친구를 사귀는 일을 어려워했다. 연례행사처럼 새로운 담임선생님을 찾아가 아이 이야기를 꺼내놓다가 매번 울어 버리곤 했다. 늘 자책하며 가슴 아파했다. 또 겪게 될 아이의 두려움에 나도 두려웠다.

교사인 나는 아이들의 입학식과 졸업식에 가 본 적이 별로 없다. 학교 일정이 꼭 겹치기 때문이다. 그러니 내 아이들의 학부모 자리는 언제나 빈자리였다. 공개수업을 한다고 해도 시간을 낼 수가 없지만 언제 어떻게 진행되는지도 모르고 지나가는 일이 다반사였다. "왜 엄마에게 공개수업 올 거냐고 안 물어봤어?"라고 물으니 "엄마 어차피 못 올 거잖아! 그래서 내가 못 오신다고 표시해서 냈어."라며 늘 그래왔는데 뭐 새삼스럽게 묻냐는 식이다. 아이들의 기억 속에도 난 엄마이기 이전에 항상 학교 선생님이었던 것이다.

부족한 엄마 모습에서 벗어나 보겠다고 도서관에서 양육과 관련

된 베스트셀러란 베스트셀러는 모두 싸안고 와서 아이에게 집중하려 했다. 이론으로 배운 대로 관계를 변화시켜 보려 했지만 한 발짝 이상 나아가지 않았다. 업무에 항상 뒤로 밀린 아이들에게 교사가 아닌 엄마라는 모습으로 완전히 전환되지 않는 한, 책을 읽고 이론으로 익힌 좋은 엄마 노릇은 전혀 효과가 없었다.

『엄마, 잠깐만!』을 보는 순간 나의 지난 양육과정의 모습을 비디오로 보는 듯했다. 단 한 번도 아이의 시선에 맞추어, 아이의 속도에 맞추어서 양육한 기억이 없다. 도대체 무엇이 내 아이보다 중요했단 말인가? 내 삶 위주로 살면서 아이들을 신경 쓰지 못해 마냥 미안했다. 아이가 다 커 버렸다. 그리고 중요한 건 지금에 와서 되돌릴 수 없다는 것이다.

바쁜 생활에 아이를 밀쳐낸 것도 끔찍하지만 나의 아이를 교사의 시선으로 바라보지 않았어야 했다. 특히 중등학교에 근무하면서 아직 어린아이를 중등학교 아이들 기준으로 평가하며 다그치는 일은 교사인 엄마로서 아주 경계하고 조심해야 할 일이다.

요즘 다 큰 아이들의 힘들었던 이야기를 듣고 "너 왜 그 이야기 엄마한테 안 했어?"라고 물으니 "엄마가 그때 너무 바빴잖아!"라고 한다. 아이의 기억에도 엄마는 늘 학교 일로 바쁜 사람이었다. 이제야 아쉬워하며 다 커 버린 아이들에게 다가가려 시도하지만 많이 늦은 듯하다. 무엇이든 때가 있는 법인데 이젠 오히려 아이들이 밥

한번 같이 먹는 것도 유세를 떨며 나를 밀쳐낸다.

만약에 내가 다시 그때로 돌아갈 수 있다면 나는 엄마로서 해야 할 역할을 위해 좀 더 교사와 엄마라는 역할 사이에서 균형 잡힌 삶을 살고 싶다. 아이가 커가는 순간은 순식간이고 다시 돌아오지 않기 때문에 더 많은 시간을 함께하며 더 많은 추억을 만들지 못한 것이 못내 아쉽고 되돌릴 수 없다는 것을 이제 알았다.

나와 마주하는 질문

- 교직 생활하면서 부모로서 가장 힘들었던 것은 무엇이었나요?
- 교사의 눈으로 내 아이들을 대한 적은 없나요?
- 교사와 엄마라는 역할을 균형 있게 하려면 어떻게 해야 할까요?

정년까지 잘 가르칠 수 있을까요?

『하지만 하지만 할머니』, 사노 요코 지음, 상상스쿨

학교에서 나이 많은 교사가 된다는 것은 어떤 의미일까? 교직의 전문성을 가진 사람이라고 할 수 있을까? 나이 들어 승진하지 못하면 명예퇴직을 해야 하는 걸까? 나이가 들어가면서 교직 생활에 많은 고민이 생겼을 때 『하지만 하지만 할머니』를 만났다. 할머니에게 손을 내밀어 준 고양이처럼 내게 손을 내밀어 주며 수업 연구와 수업 나눔을 함께 해 준 동료 교사들이 생각났다.

학교에서는 경력이 많다는 것이 그다지 강점이 되지 않는다. 일단 아이들이 좋아하지 않는다. 물론 나도 학창 시절 5월이면 겨우 단 한 달을 머물다 가는 교생선생님들에게 온통 마음을 빼앗겼던 기억이 있다. 나이가 드는 건 어쩔 수 없는 일이라며 아이들과의 세대 차이를 거부할 수 없는 현실로 받아들였다. 기념일마다 젊고 멋진 선생님들에게 아이들의 선물 공세가 이어져도 당연한 일이지 하고 담담하게 받아들였다. 그러던 11월 어느 날 인기 많은 옆자리의 젊은 선생님 책상에 아이들이 뻔질나게 다녀갔다. 한 아이는 선생님 책상에 예쁘게 포장한 빼빼로를 가만히 놓고 갔다. 심지어 어떤 아이는 대신 꼭 전해 달라는 말을 남기고 뒤로 나를 힐긋거리며 돌아갔다. 선생님에게 잘 전해져야 하는데 저 옆자리 선생님이 가져가면 어쩌지 하는 생각이라도 하는 듯이. 그렇게 종일 아이들이 다녀갔다. 좀 성가셨을 뿐 질투가 나거나 부러운 건 아니었다. 그러다가 늦은 오후가 다 되어갈 즈음 찾아온 아이에게 "너희는 선생님들이 차별하는 거 제일 싫다면서 선생님은 왜 차별하는 거야?"라며 농담 삼아 던진 말에 "저 선생님은 젊잖아요!"라는 답변이 돌아왔다. 정신이 번쩍 들었다. 정면으로 거부 받는 느낌이었다. 아이들이 나를 젊은 선생님들처럼 따르지는 않았어도 아이들과 잘 소통하고 있다고 생각했는데……. 그때부터 자신감이 뚝뚝 떨어져 갔다. 한때는 '선생님 수업이 제일 기억에 남아요.', '선생님 수업은 생각을 하게 하는 철학 교수님 수업 같아요.', '선생님 수업이 너무 재미있어요.' 등의 피드백을 주었던 아이들이었다. 하지만 점점 더 나이 들어가면서 아이들과 소통하기 어려워지자 내 수업이 외면받으면 어쩌지 하는 두려움이 몰려왔다. 요즘 유행어처럼 '나 때는 말이야?'처럼 들릴까 봐 움츠러들고, 아이들의 말을 바로바로 알아차릴 수 있는 순발력이 떨어졌다. 아이들과 코드를 맞추지 못해 갈등을 겪는 일이 빈번해졌다. 아이들은 내 맘에 들지 않았고, 아이들은 나를 탐탁해하지 않았다. 아이들이 날 배척할지도 모른다는 두려움은 이미 현실이 되어 가는 듯했다.

    수업을 만족스럽게 하지 못하니 마음이 편하지 않은 날이 많아졌다. 교실에서 아이들과 정년까지 소통하는 수업을 할 수 있을까? 수업하기 싫은 건 아닌데 그럼 나도 승진 준비를 해야 하나? 처음으로 승진을 위해 무엇을 해야 하는지 동료에게 물어보았다. 승진을 위해 갖추어야 할 것들도 만만치 않았다. 내게는 아주 중요한 벽지 점수라는 것이 단 1점도 없었다. 한창 공부할 시기인 자식들을 두고 벽지 점수를 챙기는 일은 불가능한 일이었다. 남편은 아이들과 수업하는 일을 오래 했으니 교육전문가의 길을 가라고 조언했다. 아! 공부하는 자식들과 떨어지지 않고 나도 공부하면서 장학사가 되는 길을 가면 되겠다.'고 생각했다. 하지만 학교에서의 교사, 집에서의 가정주부, 미래를 위한 장학사 준비, 일인삼역의 역할은 감당하기 힘들었다. 체중은 늘었고 체력은 떨어져 일상적인 일을 해내는 일만으로도 버거워졌다. 결국 어느 하나는 내려놓아야 했다.

나는 다시 교사의 본질인 수업의 고민으로 돌아왔다. 나 스스로 세대 차이는 어쩔 수 없는 일이라며 한계를 드러냈기에 『하지만 하지만 할머니』 주인공처럼 '난 경력이 많은 교사인걸'이라는 생각이 자꾸 나를 지배하기 시작했다. 아이들과 함께하는 체육대회에서도 조회대 그늘에 앉아서 지켜보기만 했다. 경력 많은 교사로서 다른 교사들과 어울리는 자리에 끼어들거나 오래 남아있는 건 불편함을 주며 눈치도 없는 나이 든 교사가 되는 추한 일이라 여기며 스스로 먼저 자리에서 일어서 나왔다. 새 학년 업무희망원에도 나이에 맞게 풀이나 뽑고 분리수거나 하는 게 적합하다며 희망원을 썼다.

『하지만 하지만 할머니』 속 주인공은 98살 할머니다. 매일같이 물고기를 잡으러 가는 고양이는 "할머니 같이 낚시가요."라고 하지만 할머니는 언제나 98살 난 할머니가 물고기를 잡는 건 어울리지 않는다며 거절한다. 그러던 어느 날, 할머니의 99번째 생일에 심부름을 간 고양이가 냇물에 초를 빠뜨려 5개만 들고 돌아온다. 할머니는 5개의 초를 꽂고, "올해 나 5살이 된 거야."라며 생일 축하를 한

『하지만 하지만 할머니』

사노 요코 지음, 상상스쿨

나 어째서 좀 더 일찍 5살이 되지 않았을까?

다. 다음 날부터 할머니는 자신이 5살이라며 낚시를 따라나선다. 그렇게 할머니는 고양이를 따라 들판을 뛰어다니고 냇물도 껑충 뛰어넘는다. 고양이의 손짓에 냇물에도 첨벙 뛰어들어 물고기도 잡는다. '나는 이제 할머니인걸!'이라고 입버릇처럼 말하던 할머니는 온데간데없고 할머니는 5살 답게 새로운 생활을 시작한다.

    나는 무엇인가 새로운 것을 해야 하는 상황이 생기면 『하지만 하지만 할머니』 주인공처럼 "하지만……, 난 늙은 교사인걸."이라며 일들을 밀쳐내 왔지만, 수업만큼은 그럴 수 없었다. 교사가 수업으로 존재감을 갖지 않으면 학교에 남아있을 수가 없다. 명퇴를 선택하지 않는다면 수업을 바꾸어야 했다. 운이 좋게도 수업을 연구하고 나눌 수 있는 수업 친구들을 만났다. 그들이 경력 교사를 싫어할 것이라는 벽도 스스로 깨고, 아이들이 경력 교사를 싫어할 것이라는 벽도 깼다. 무엇보다 늙은 교사라며 스스로를 가두었던 벽을 허물었다. 마음을 바꾸니 변화가 일어났다. 젊은 동료 교사들이 나이 든 교사를 싫어할 거라는, 아이들이 나이 든 교사를 싫어할 거라는, 자기 생각에 갇혀서 아무것도 하지 않으려 했더라면 아마도 학교에 남아있지 못했을 것이다. 내 나이도 충분히 늦지 않았다고 마음먹으니 학교에서의 삶이 당당해지고 즐거워졌다. 이제는 100세 시대에 아직 절반 정도밖에 살지 않았다며 누구보다도 열정을 내뿜으며 학교생활을 하고 있다. 오히려 나이를 생각하지 않고 덤벼드는 나 때문에 주변 사람들이 건강을 챙기라고 조언을 건넨다.

2020년 온라인 수업을 위해 새로운 시스템을 익혀야 하는 상황에서도 아무리 들어도 못 알아먹는 이 나이 먹은 교사를 위해 내 마우스를 대신 잡아 주고, 앱을 깔아 주고 사용법을 차근차근 설명해 주는 동료 교사가 없었다면 살아남지 못했을 것이다. 늘 함께 수업 연구와 수업 나눔을 하는 동료 교사들이 있었기에 코로나 시대에 또 한고비를 넘을 수 있었다.

온라인 영상을 찍고, 이런저런 앱과 플랫폼을 이용해 실시간 학생들과 소통하며 수업을 하고 있다. 이제는 "온라인 수업, 아, 이거 재미있는데" 하면서 "내가 언제 또 이런 수업을 해 보겠어!"라며 퇴직을 얼마 남기지 않은 시간을 아쉬워하며 즐기고 있다. 전처럼 나 혼자 하려고 했다면 해내지 못했을 일들을 또 해냈다.

나와 마주하는 질문

- 교사를 그만두고 싶을 만큼 힘들었던 적이 있었나요?
- 학교생활에서 스스로 자신을 가두는 벽이 있나요?
- 정년까지 잘 소통하기 위해 필요한 것은 무엇일까요?

온라인 수업 방식에 적응하기

『아무도 가지 않은 길』, 잔니 로다리 글, 풀비오 테스타 그림, 소금창고

코로나가 세계적으로 팬데믹 상황이 되면서 학교에서도 갑작스런 수업환경 변화에 대응해야 했다. 비대면 수업을 해야만 하는 상황에서 교사들은 원격수업을 할 수 있는 역량을 갖추느라 고군분투하고 있다. 정도의 차이는 있지만, 수업은 모두가 해야 하기에 주어진 환경 내에서 아이들을 비대면으로 만날 수 있는 방법과 기술을 익혀야 한다. 『아무도 가지 않은 길』은 누구도 가 보지 않은 길을 갈 수 있도록 용기를 준 책이다.

아무도 예상하지 못했던 일이 벌어졌다. 바로 코로나이다. 위기라고 생각했던 일은 일상이 되었다. 사회 모든 조직과 체계, 흐름이 멈추었다. 유래 없는 감염병 확산에 학교도 멈추었다. 학교는 사회에서 밀집도가 꽤 높은 공간이다. 수도권 중고등학교의 경우 학년당 10개 학급일 때, 교사를 포함하여 800~900명이 한 건물에서 하루 종일 생활한다. 그러니 학교는 감염병에 취약할 수밖에 없다. 한시적으로 수업을 중단했다가 다시 조금씩 학년을 교차하여 등교하게 되면서 교육부는 원격수업을 대안으로 제시했다. 사전 예고도 준비도 없이 이루어진 상황에서 교사들은 그 일을 감당해내야 했다. 초기에는 영상 수업으로, 지금은 화상 실시간 수업으로까지 불과 6개월 만에 교실 수업은 180도 바뀌었다.

사회 환경은 급격히 변화하는데 쉽사리 변하지 않던 우리 교육 현실을 두고 '19세기의 교실에서, 20세기의 교사들이, 21세기의 아이들을 가르치고 있다'는 말이 공공연하게 회자되기도 했다. 그런데 우리가 만난 코로나는 교실수업을 단기간에 매우 획기적으로 바꿔버렸다. 10년, 20년 뒤 미래 보고서에나 나올 법한 일이 오늘 우리가 맞닥뜨리는 일상에서 일어난 것이다.

교직 경력이 많을수록 코로나 상황에 대처하는 것이 더 어려웠다. 새로운 기기나 정보통신 기술에 취약하기 때문이다. 특히 내 경우 평소에도 정보 기기나 플랫폼을 활용한 멀티수업은 뭔가 내게 맞지 않는 옷 같았다. 아이들이 주제 탐구 발표를 할 때, 가끔 영화를 매체로 수업해야 할 때 이외에는 거의 활용하지 않았다. 일반 도서나 그림책, 신문, 카드 등 주로 물성이 있는 교구들을 활용하여 수업했으니 더더욱 나는 온라인 수업 환경에 매우 취약한 사람이었다.

동료 교사들은 서로 도우며 새로운 수업을 모색해 보려고 애를 썼다. 올해 같은 교과를 담당한 동료는 나를 포함하여 3명이었다. 우리는 영상을 직접 만들어서 수업을 해 보자는 데 동의했다. '기계치라서 잘 해내지 못하면 어쩌나?' 하는 두려움도 있었지만, 어디에서 생긴 담대함인지 '나도 할 수 있어! 이 기회에 나도 도전해 보자.'라고 다짐했다. 영상 제작은 부담이 있었지만 덥석 2과목을 맡겠다고 말해 버렸다. 1주일에 2과목, 그것도 매주 5차시의 수업 영상을 찍고 플랫폼에 올리는 것은 힘든 작업이었다. 남몰래 교육용 플랫폼이나 보조 프로그램 활용 연수 등 이전에는 내가 즐겨 듣지 않던 원격 연수를 찾아서 신청하고 잠을 설치며 연수를 듣고 또 들었다. 다른 교사들은 한두 번 들으면 이해할 수 있는 내용도 나는 서너 번을 들어야 겨우 이해되었다. 원격수업을 하며 상상도 못했던 일을 하게 된 것이다.

『아무도 가지 않은 길』은 길이 아니라고 하는 길을 용감하게 찾아 나선 청년 마르티노 이야기이다. 마을 어귀에 세 갈래 갈라지는 길이 있는데 첫 번째 길은 도시로, 세 번째 길은 바다로, 두 번째 길은 어디로도 갈 수 없는 길이다. 마을 사람들 누구도 그 두 번째 길은 갈 수 없다고 말했다. 그러나 마르티노는 조금도 머뭇거리지 않고 두 번째 길로 들어선다. 깊은 웅덩이가 패어 있고 잡초가 많고 울창한 수풀로 어두운 나무 터널을 지나가야 되는 길, 걷고 또 걸었지만 나무 터널은 끝나지 않는다. 발이 아파 돌아가는 것이 좋겠다고 생각했을 때 한 마리 개가 보인다. 개가 있다면 분명 사람이 사는 집도 있을 거라고 생각한 마르티노는 그 개를 따라간다. 드디어 하늘이 보이고 커다란 성 앞에 다다른다.

코로나가 언제 끝날지 모르기에 연간 계획과 평가계획을 수정하고 차시별 수업의 핵심개념을 뽑아내어 영상 프리젠테이션을 만들고 녹음을 위해 생전 처음 대본이란 것을 쓰고 녹화하기 시작했다. 1주일에 2과목, 5차시분 영상을 찍어야 했다. 1차시 수업 영상을 만드는 데 한두 번으로 녹화를 마친 적이 없었다. 처음에는 수업 영상 하나를 녹화하는 데 7번 만에 성공했다. 때로는 내 목소리가 마음에 들지 않거나 대본이 마음에 들지 않거나 때로는 대본대로 읽지 않고, 말이 이상하게 꼬이는 바람에 또다시, 때론 영상 분량이 너무 많아서 다시…… 그러다 차츰 실패 횟수가 줄어들더니 1달이 지났을 즈음 2~3번 만에 성공하기도 했다. 영상으로 녹화하는 것이 그토록 힘든 일인지 미처 몰랐다. 수업 영상을 찍은 후에도 유튜브 채널에 올려야 한다. 학교에서는 플랫폼에 영상 올리기도 쉽지 않았다. 플랫폼 접속이 안 되거나 이상하게 시스템이 자주 다운되고 시간이 오래 걸렸다. 그러니 퇴근 후 꼭 밤 늦게 작업을 할 수 밖에 없었다. 대면 수업이었다면 쉽게 이루어질 일들이, 온라인 수업에서는 1차시 수업을 위해 많은 시간을 들여 준비해야 했다. 퇴근 후는 물론 주말에도 노트북을 끼고 살았다.

도전은 거기서 그치지 않았다. 2학기 또다시 화상 실시간 수업을 해야 했다. 그동안 교사 연구모임에서 화상 회의를 하거나 강의를 듣던 경험은 있었지만, 실제로 아이들을 대상으로 내가 주도적으로 이끌어야 하는 수업 상황은 완전히 다른 차원이었다. 화면이나 소리 공유 등 혼자 준비하며 실행할 때는 잘되던 것이 정작 수업에 들어가서는 이상하게 꼬였다. 특히 1교시 수업이 있는 날은 긴장의 연속이었다. 수업 시작 최소 10분 전에 해당 교실에 가서 플랫폼에 접속을 해야 했고, 그런데도 어떤 날은 갑자기 화상이 끊기고 아이들이 중간에 튕겨져 나가는 등 어려움에 부딪혔다. 아이들은 아이들 대로 "선생님, 저는 소리가 잘 안들려요.", "저는 접속이 어려워요."라며 개별 인터넷 환경에 따라 발생하는 문제들을 하소연했다. 그럴 때마다 노트북 앞에 앉은 나는 이유를 알 수 없었고 그 누구도 내 문

『아무도 가지 않은 길』

잔니 로다리 글, 풀비오 테스타 그림, 소금창고

"정말 바보 같은 이야기예요.
그 길을 가 보지 않고는 모르는 거잖아요."

제를 해결해 줄 수 없었다. 도와달라고 누구에게 부탁할 수도 없는 상황이기에 답답했다. 플랫폼이나 보조 프로그램에 대한 이해가 부족하고 활용에 익숙지 않아서 동료들에게 물어보고 실전에 다시 투입하기를 반복하는 수밖에 없었다. 어떤 방법이든 그것을 수업에서 내가 마음껏 자유자재로 활용할 정도로 익숙해지기까지 나는 엄청난 시간이 걸리는 사람이다. 시행착오를 많이 겪어야 한다. 코로나는 나로 하여금 외롭고 새로운 모험의 길에 들어서게 한 것이다.

『아무도 가지 않은 길』의 마르티노는 성에 도착하여 왕비님을 만나게 되고 환대를 받으며 귀한 보물도 받아 다시 마을로 돌아온다. 마르티노가 보물들을 가득 싣고 돌아오자 사람들은 앞다투어 그 길을 간다. 그러나 거기엔 성도 왕비도 없었다. 아무도 가지 않은 길을 가 본 자만의 특권, 누구도 해 보지 않은 것을 먼저 실천해 본 사람만이 누릴 수 있는 선물이 있다. 남의 말을 듣고 포기하거나 해 보지 않았다면 누릴 수 없는 자유와 기쁨을 향유할 수 있는 선물이 주어진다.

돌아보면 올해는 마치 신참 교사가 된 듯 낯선 환경에서 적응해야 했던 한 해였다. 내가 이전에 해 오던 수업방법을 내려놓아야 했고, 그 방법을 도입하되 새로운 공간에서 새로운 프로그램으로 도전하는 수업을 설계하고 실행하며 계속 배워야 했다. 나와는 어울리지 않는 다른 세계라 여겼던 가상 공간을 온전히 내 수업 환경으로 만들어야 하는 무한도전의 해였다.

  앞으로 얼마나 더 교직에 머물러 있을지 모르지만, 오늘도 화상으로 연수를 들으며 늦은 밤 노트북 앞에 앉아 있다. 이 프로그램으로는 어느 단원에서 수업하면 좋을까? 온라인과 오프라인 수업에서 적절히 블렌딩하려면 어떻게 활용해야 할까? 플랜 A와 플랜 B, C를 고민하며 적용하고 다시 수정하기를 반복한다.

나와 마주하는 질문

- 이전에 누구도 쉽게 해 보지 않았던 일을 하고자 할 때, 주위에서는 어떤 반응을 보이나요?
- 자신만의 길을 발견하고 가 보았던 '길'은 어떤 길이었나요?
- 그 길을 가 보았을 때 받은 선물은 무엇이었나요?

| 부록 |

그림책사랑교사모임이 추천하는
나를 위로한
한 권의 그림책

#이해하기 힘든 반 아이들을 만났을 때

『어린이』

베아트리체 알레마냐 지음, 한솔수북

어린이가 어떤 존재인지 차근차근 잘 설명하고 있어 어린이와 함께 살아가는 부모나 교사가 꼭 봐야 할 그림책이다. 새 학년 이해하기 힘든 반 아이들을 만났다고 걱정하지 말자. 어린이는 그저 어린이일 뿐이다.

— 인천 동수초등학교 박주리

#토닥토닥 괜찮아! 다 잘 될 거야!

『궁디팡팡』

이덕화 지음, 길벗어린이

내가 과연 잘하고 있는 걸까? 주어진 환경 속에서 열심히 준비했음에도 결과가 좋지 않아 실망스럽고 내가 미워질 때가 있다. 숲속 마을 동물들을 위로하는 '궁디팡팡 손'을 보면서 결과와 상관없이 '참 잘 해왔어. 잘하고 있는 거야! 토닥토닥 괜찮아!' 위로받을 수 있었다.

— 서울 성자초등학교 김혜영

#선생님도 마음이 아파요

『너는 기적이야』

최숙희 지음, 책읽는곰

위로가 필요할 때도, 쉬고 싶을 때도 밝은 표정과 웃음으로 아이들과 만나야 한다는 부담이 컸다. 『너는 기적이야』의 한없는 따뜻함으로 위로받았고, 나와 함께하는 아이들에게도 따뜻함을 전해 줄 수 있는 넉넉함이 생겼다.

— 경기 은여울초등학교 정주은

#나의 노력이 헛되다는 느낌이 들 때

『핑!』

아니 카스티요 지음, 달리

교사로 살며 아이들의 변화되는 모습을 기대하며 정성을 쏟지만 돌아보면 하나도 변하지 않는 것 같아 절망하고 허무할 때 『핑!』을 읽으면서 새롭게 마음을 다잡았다. 비단 교사와 학생의 관계에서 뿐 아니라 모든 관계에서 핑을 취한다면 새롭게 힘낼 수 있을 것 같다.

— 전북 오산초등학교 장영순

#돌아오지 않는 열정페이
『선생님, 기억하세요?』

데보라 홉킨슨 글, 낸시 카펜터 그림, 씨드북

친절과 존중으로 아이들을 대하지만 아이들의 반응은 다를 때가 많아 좌절한다. 하지만 부끄럼 많던 주인공은 다 기억하고 있었다. 선생님의 말 한마디 한마디와 수업, 제스처 그 모든 것을. 그때는 표현하지 못했지만 선생님을 사랑하고 흡수하고 있었다.

– 서울 개봉초등학교 하은주

#왜 나한테만 불행이 올까?
『불행이 나만 피해갈 리 없지』

정미진 글, 김소라 그림, 엣눈북스

하루 종일 불행한 일만 가득하다. 하루의 끝에서 큰 행운을 얻는 주인공의 말처럼 "그래 행운도 나만 피해 갈 리 없잖아?" 하는 그림책 속 한 줄을 되뇌며 코로나 상황을 버텼다.

– 인천 가현초등학교 양인성

#혼자라 느껴질 때 위로가 되는 책
『소년과 두더지와 여우와 말』

찰리 맥커시 지음, 상상의힘

그림은 여백과 미완의 멋이 있고 책은 순서와는 상관없이 볼 수 있는 새로운 구성으로 되어 있다. 힘들 때 설렁설렁 펼쳐서 읽어도 위로가 되고 힐링이 되었다. 혼자라 느껴질 때 다시 옆을 돌아보면 동료가 있고 가족이 있고 친구가 있고 그도 여의치 않을 땐 그림책이 대신해 줬다.

– 대구 영남공업고등학교 안정옥

#달라진 내 모습에 두려운 마음이 들 때
『마음샘』

조수경 지음, 한솔수북

새로운 모습으로 성장하는 과정에서 예전과는 달라진 나의 모습이 다른 누군가에게 피해를 준다는 생각에 마음의 문을 닫고 자존감을 잃었다. 정체성에 대해 혼란을 겪던 나에게 큰 힘이 되었다. 그리고 있는 그대로의 자신을 바라보는 데 도움이 많이 되었다.

– 안동 송천초등학교 조용근

#단 한 사람이 나일 수 있을까? --
『블루와 옐로』
브리타 테켄트럽 지음, 봄봄출판사

마음을 닫고 숲 깊은 곳에서 누군가 다가와 주길 간절히 바라는 블루. 밝은 마음을 담고 기꺼이 블루를 바라보며 다가와 주고 지켜봐 주면서 블루의 단 한 사람이 되어준 옐로. 누구에게나 빛이 있는 존재임을 생각하며 힘들어 하는 아이들의 옐로가 되어 줘야겠다는 생각을 던져 준다.
- 전남 남평초등학교 김보연

#주변과 단절되어 외롭다고 느낄 때 --
『안녕』
안녕달 지음, 창비

2020년은 가장 주변과 단절된 시간이었다. 혼자라는 생각이 들며 외로울 때 주변을 둘러보자. 나와 비슷한 외로움을 느끼는 존재, 멀리서도 나를 사랑하는 존재가 항상 있었다. 존재와 존재 간의 유대가 얼마나 소중한지 생각해 볼 수 있는 그림책이다.
- 충북 충주대소원중학교 천은서

#인간의 잔인함에 무참한 기분이 들 때 --
『떠돌이 개』
가브리엘 뱅상 지음, 열린책들

난데없이 인간에게 버려져 도로 위에서 생사를 넘나드는 개. 64컷의 그림을 따라가며 나도 모르게 외로움들이 울렁인다. 너무 무섭고 너무 아프다. 하지만 그 길 끝 작은 아이와의 만남이 큰 위로와 행복이 된다.
- 경기 성안고등학교 채미경

#불평과 스트레스가 높아져서 예민해질 때 --
『안녕하세요』
카타리나 소브럴 지음, 그림책공작소

우리는 누구를 만나든 '안녕하세요'라고 인사를 건넨다. 당신은 정말 안녕한가? 여러 가지 일로 스트레스가 높아 나의 안녕을 함부로 하고 있진 않는가? 아이들의 안녕을 내가 얼마나 챙기고 있는지를 묻는 책이다.
- 대구월배초등학교 이재선

#아이들에게 조바심이 들 때

『큰 늑대 작은 늑대의 별이 된 나뭇잎』

나딘 브룅코슴 글, 올리비에 탈레크 그림, 시공주니어

아이들의 성장과 배움에 필요한 것이 무엇일까? 적시를 놓치고 있는 건 아닐까? 항상 조바심과 걱정이 앞선다. 이럴 때 그림책 속 큰 늑대와 작은 늑대는 서로에 대한 믿음과 사랑이 있는 한 무엇이든, 언제든 바람이 별처럼 빛날 수 있음을 의연하게 깨우쳐 준다.

– 경북 가흥초등학교 이지현

#삶의 방향이 흔들릴 때

『영웅을 찾습니다!』

차이자오룬 지음, 키위북스

좋은 교사로 열심히 살았지만, 시간이 흘러가면서 그 존재감이 약화되는 불편한 진실을 직면할 때가 점점 많아졌다. 이 책에서 만난 샤오바는 진정한 영웅에 대한 초월적 삶의 에센스를 추출하게 해 주었다.

– 경기 안양관악초등학교 전명선

#내가 너무 부족한 것 같아요

『발레리나 벨린다』

에이미 영 지음, 느림보

나이가 들수록 자신감이 줄어들고 소심해진다. 남들에 비해 내가 너무 초라하고 부족한 사람인 것 같다. 큰 발로도 행복한 발레리나가 된 벨린다를 보며 허리를 세우고 어깨를 당당히 펴기로 했다.

– 경기 청덕중학교 김창덕

#진심을 담아 말해요

『낱말 공장 나라』

아네스 드 레스트라드 글, 발레리아 도캄포 그림, 세용출판

학교에서 만나는 다양한 사람들과 좋은 관계를 만들어나가는 것이 어렵다고 느껴질 때가 있다. 이 책의 주인공 필레아스는 '진심은 통한다고 믿을 것. 그리고 상대방에게 진심을 담아 자신의 마음을 말할 것'이라고 말한다. 필레아스의 말은 실천해 나갈 수 있는 용기를 주었다.

– 경기 판교초등학교 배가영

#끝없는 일에 번아웃 되었을 때
『나도 일등 할 수 있어』
원유순 글, 이정옥 그림, 파란

마을공동체 교육의 중요성과 따뜻한 나눔, 관심과 배려, 변화와 성장을 위한 실행이 오롯이 담겨져 있는 그림책이다. 이 책은 번아웃된 내게 공동체 마을학교의 사명을 다시금 깨닫고 의지를 다지게 해 주었다.
- 서울 서초행복마을학교 박은영

#진정한 사과와 나를 향한 용서
『사자가 작아졌어!』
정성훈 지음, 비룡소

교사란 상처를 많이 받는 존재다. 하지만 때로는 교사인 내가 무심히 했던 몇 마디 말이 누군가에게 상처를 주었을 수도 있겠다는 생각을 하게 되었다. 사자를 먹지 않은 가젤처럼, 나도 그렇게 용서를. 그들뿐만 아니라 같이 싸우지 못한 스스로를 용서하게 한다.
- 인천 부원여자중학교 조혜정

#아이들을 믿고 바라보아야 할 때
『구덩이』
다니카와 슌타로 글, 와다 마코토 그림, 북뱅크

우리는 살면서 늘 누군가의 눈치와 관계 속에서 힘들어한다. 아이들도 마찬가지이다. 구덩이를 파고 들어간 아이가 스스로 일어서서 걸어 나올 때까지 믿고 기다려 주는 것이 필요함을 깨닫게 해 준 그림책이다.
- 경기 효정초등학교 공강옥

#알다가도 모를 이유로 마음이 불편할 때
『마음의 집』
김희경 글, 이보나 흐미엘레프스카 그림, 창비

마음이 상하면 가끔씩 욕심쟁이, 고집쟁이, 변덕쟁이가 된다. 이 책에서는 마음이란 우리가 살고 있는 집과 같다고 한다. 여러 가지 마음과 마주할 수 있었다. 내가 살고 있는 나의 마음을 더욱 따뜻하고 포근한 곳으로 단장하고 싶어진다.
- 경기 석천중학교 유정예

#나 대신 세상에 비수를 던져 준 책
『지금은 없는 이야기』

최규석 지음, 사계절

현실이 내 믿음에 자꾸만 가위질을 하고 망치질을 해서 나를 힘들게 한다. 그런 현실에 한바탕 철퇴를 내리치고 싶은데 내겐 힘이 없다. 그럴 때 이 책은 나의 칼이 되어 주었고, 그래서 조금 더 희망을 가질 수 있었다. 참 시원하다!

— 경기 통진중학교 최재웅

#교사는 실수하면 안 되나요?
『아름다운 실수』

코리나 루켄 지음, 나는별

숨 막히게 내려오는 공문, '선생님 자료 집계 안 하셨는데요'라는 교육청 문자는 나를 주눅 들게 했다. 이런 나를 위로해 준 그림책. 잘못 찍은 점 하나, 오히려 실수를 통해 깨닫고 앞으로 나아가게 한다. 실수는 실패가 아니라 삶을 배우는 과정이라고 나를 위로해 준다. 실수는 시작이다!

— 경기 부천부안초등학교 김경란

#솔직하게 표현하고 공감하며 듣기
『네 마음을 알고 싶어!』

피오나 로버튼 지음, 사파리

교사로서도 그렇겠지만 우리는 내 마음대로 판단하고 평가하기 일쑤다. 이로 인해 오해하고 화가 나는 경우가 많았다. 이 책을 읽는 동안 이야기를 나눠 보지도 않고 마음대로 판단하고 있는 나를 알아차리고 관찰할 수 있었다. 물어보고 솔직하게 말하고, 공감하며 듣기를 바라는 나의 마음을 알아차리게 한 그림책이다.

— 대구 다사초등학교 성윤미

#숨 가쁘게 돌아가는 삶에 지쳐 있을 때
『게으를 때 보이는 세상』

우르슐라 팔루신스카 지음, 비룡소

평소에는 '아프면 안 돼!, 절대 안 돼! 나 대신 누가 수업을 하며 공문처리는 또 어떻게 하며, 아프려면 방학 때 아파야 해.'를 마음속으로 외치며 살아오는 교사의 삶. 하루하루 너무도 바쁘게 살아가는 삶 속에서 휴식과 여유를 되찾아 주는 그림책이다.

— 경기 시곡중학교 이은아

#고정관념이 아이를 부정하지는 않나?
『도서관에 간 사자』
미셸 누드슨 글, 케빈 호크스 그림, 웅진주니어

매년 3월이면 새로 만날 아이들의 모습을 상상하며 두려웠다. 그래서 아이들을 만나기도 전에 여러 정보를 듣고 내 고정관념으로 아이들을 진단해 버렸다. 이 책은 어떤 다른 모습의 아이들이라도 존재 자체만으로 빛나는 모습을 만들 수 있다고 생각하게 해 주었다. 아이들을 두렵게 바라보던 나의 마음에 위로와 여유를 준 책이다.
— 경기 수원외국어고등학교 이지현

#소중한 오늘을 보내야 해!
『날마다 멋진 하루』
신시아 라일런트 글, 니키 매클루어 그림, 초록개구리

내가 좋은 선생님일까? 내가 잘하고 있는 걸까? 불안해질 때, '우리가 살아갈 하루는 언제나 오늘이에요.'라는 책 속 구절이 소중한 하루를 채우고 싶은 마음이 들게 한다.
— 경기 양산초등학교 김민지

#일이 뜻대로 이뤄지지 않을 때
『무슨 일이든 다 때가 있다』
레오 딜런·다이앤 딜런 지음, 논장

모든 종교의 경전에서 말하는 황금률을 전해 주는 듯하다. 오랜 시간 계획했고 노력을 쏟아부은 일이 허무하게 무너지고 세상은 나의 예상과 완전히 빗나갈 때, 마음을 다스리고 앞으로의 삶을 좀 더 열린 시선으로 바라보게 해 준 책이다.
— 경기 웅곡중학교 박근영

#그림 못 그려도 괜찮아!
『점』
피터 레이놀즈 지음, 문학동네어린이

글씨 쓰기나 그림 그리기를 부담스러워하던 학생들이 교사의 작은 칭찬 하나에 자신감을 얻어 신나게 활동하는 모습을 보면 정말 귀엽고 사랑스럽다. 그림에 자신이 없는 사람들에게, 또는 어떤 일을 새로 시작하기를 주저하는 선생님들에게 추천한다.
— 경기 도래울중학교 진현정

#반복되는 일상에 지치고 우울할 때
『행복 요정의 특별한 수업』

코넬리아 풍케 글, 지빌레 하인 그림, 비룡소

코로나로 인해 몸과 마음이 지쳤을 때, 작은 일에 감사하고 소소한 기쁨을 누리고 기억하는 것이야말로 진정한 행복임을 일깨워 준 책이다. 아이들과의 만남을 기대하고 수업을 준비할 새로운 힘을 얻었다. 재미있는 상황 설정, 작고 귀여운 그림 덕에 읽는 내내 기분이 좋아진다.

- 서울숭신초등학교 박효임

#제자의 자살로 힘들었을 때
『무릎 딱지』

샤를로트 문드리크 글, 올리비에 탈레크 그림, 한울림어린이

'오늘 아침에 엄마가 죽었다.'로 시작하는 이 책은 주인공 아이가 엄마를 잃은 상실감을 극복해 가는 과정을 그리고 있다. 제자의 자살로 긴 시간 자책감에 시달리고 건강까지 잃은 어느 선생님에게 읽어 주자 자책했던 자신을 어루만지게 되었다고 했다.

- 서울상지초등학교 임경희

#감당하기 힘든 불청객이 찾아왔을 때
『내겐 너무 무거운』

노에미 볼라 지음, 단추

불쑥불쑥 나를 찾아오는 불청객은 두려움, 우울함, 억울함, 슬픔과 같은 감정이기도 하다. 이제껏 내가 나의 불청객들과 어떤 방식으로 싸워 왔는지 되돌아보고, 감당하기 힘든 불청객은 어떻게 대해야 하는지 생각하게 하는 책이다.

- 경기 풍동중학교 이수명

#지지와 응원이 필요할 때
『아모스와 보리스』

윌리엄 스타이그 지음, 비룡소

예상했던 일들이 모두 어긋날 때에도, 생뚱맞은 일에 꽂혀 있을 때에도 학교에는 나를 지지해주는 동료가 있었기에 나는 또 한 발 내디딜 용기를 얻었다. 나의 보리스에게 응원이 필요한 순간이 올 때 내가 할 수 있는 일이 있기를 희망한다.

- 경기 선일중학교 경윤영

#나 자신조차도 돌볼 힘을 잃었을 때
『가드를 올리고』

고정순 지음, 만만한책방

소중한 일상들이 갑자기 마음에서 멀어지고 누구와도 진심으로 소통하고 있지 않다 느껴질 때, 퍼벅! 퍼벅! 수없이 맞고도 아무도 없는 모퉁이에서 가드를 올리는 빨간 주먹의 모습은 인생 뭐 별 거 있나 하고 다시 시작하게 해 주었다.

– 전주서신중학교 채경희

#모든 게 어렵고 답답하게만 느껴질 때
『호랑이 씨 숲으로 가다』

피터 브라운 지음, 사계절

어느 순간부터 의욕 뿜뿜 하던 내 모습이 사라지고 새로운 시도가 두려워졌다. 나를 둘러싼 세계가 어렵고 답답하게만 느껴졌다. 그때, 삐뚜로 살고 싶은 호랑이 씨를 만났고, 책을 덮는 순간 신기하게도 의욕이 충전되고 주변의 모든 것이 소중해지는 느낌을 받았다.

– 경기 곡반중학교 김유리

#과거를 정리하고 미래를 준비하고 싶을 때
『100 인생 그림책』

하이케 팔러 글, 발레리오 비달리 그림, 사계절

바쁘다는 이유로 즐기지 못하고 무심하게 보내서 아쉬웠던 순간들이 많다. 이 책은 나의 지난 삶을 되돌아보고, 앞으로 올 100살까지의 인생을 차분하게 생각하고 준비하게 해 주는 힘이 있다. 가까이 두고 자주 펼쳐보면 나이 들어가는 것이 두렵지만은 않다.

– 경기 장곡중학교 김재란

#불안이 용기의 꽃으로 피어나는 순간
『어떡하지?』

앤서니 브라운 지음, 웅진주니어

학업중단 예방을 위해 학생들을 만나러 가는 길은 늘 긴장과 염려가 앞선다. 하지만 아이들의 인생을 함께 고민하는 '고민상자'가 되어 주는 멋진 일이다. 학교와 학생을 연결하는 브릿지가 되어 아이들의 걱정이 용기로 피어나길 응원하며 상담을 마무리한다.

– 관계브릿지학교 장소현

#친절한 선생님이 되고 싶을 때
『선생님은 몬스터!』
피터 브라운 지음, 사계절

6학년의 무서운 선생님! 이것이 나에 대한 아이들의 인식이다. 나의 소문을 듣고 두려움에 떨고 있는 아이들과 마주하는 3월 첫날, 이 책을 함께 읽으며 웃다 보면 어느덧 아이들은 나를 순한 몬스터로 봐 주기 시작한다.
- 경기 왕곡초등학교 인경화

#어떤 교사가 되어야 할지 고민될 때
『아나톨의 작은 냄비』
이자벨 카리에 지음, 씨드북

아나톨과 같은 아이들에게 작은 냄비를 가지고도 세상을 잘 살아갈 수 있는 방법을 알려주는 어른이 바로 교사여야 한다는 생각이 들었다. 아이들을 그 자체로 이해하고 존중하는 것만으로도 교사로서 가졌던 마음의 무게를 많이 내려놓을 수 있을 것이다.
- 광주 광천초등학교 양민혜

#처음은 늘 낯설고 힘들다
『어서 오세요』
세바스티엥 조아니에 글, 요안나 콘세이요 그림, 웅진주니어

아이들도 새 학년이 되면 어떤 친구들과 선생님을 만날까 긴장되고 떨리지만, 선생님도 그렇다. 새로운 학교로 옮겨갈 때, 새로운 학년을 맡거나 부서를 이동할 때 낯설고 떨리고 어색하다. 이럴 때 먼저 손 내밀어 주는 누군가의 환대는 마음을 녹여 준다.
- 인천외국어고등학교 문일순

#아이들의 성장에 의문이 들 때
『꼬마 곰과 작은 배』
이브 번팅 글, 낸시 카펜터 그림, 웅진주니어

가르치는 아이들의 마음도 생각도 성장하지 않고 멈춰 있는 느낌이 들 때가 있다. 그럴 때 아이들을 교실 밖으로 데리고 나간다. 그리고 더 어린 아이들을 만나게 해 준다. 그러면 아이들의 성장이 보인다. 아이들은 천천히, 조금씩 잘 자라고 있다.
- 서울월곡초등학교 남진희

#어떻게 보느냐에 따라 달라질 수 있어
『넌 (안) 작아』
강소연 글, 크리스토퍼 와이엔트 그림, 풀빛

많은 사람들이 자신을 기준으로 상대방을 판단한다. 또는 다수의 기준으로 소수를 바라본다. 주변의 많은 이들에 비해 내가 작게 느껴질 때, 내 스스로의 비교로 한없이 초라할 때 '넌 안 작아'의 글이 위로한다. 귀엽고 간결한 그림들과 짧은 대화체이지만 마지막 페이지를 덮을 때에는 진한 여운이 남는다.
- 서울 가재울초등학교 전은주

#사랑, 열정, 훈육, 쉼, 기다림이 모두 필요해
『대추 한 알』
장석주 글, 유리 그림, 이야기꽃

오롯한 사람을 키워냄에는 얼마나 많은 것들이 필요할까를 곱씹게 해 준 책! 나는 아이에게 어떤 요소가 되어 줄 수 있을까를 생각해보게 한다. 태양같이 뜨거운 사랑과 열정뿐만 아니라 때론 벼락처럼 쓴 조언과 훈육도 보탬이 되어 대추알 같은 단단한 아이의 내면이 세워지는 것이 아닐까?
- 충북 산성초등학교 손정희

#나는 소통하고 있을까?
『내 모자 어디 갔을까?』
존 클라센 지음, 시공주니어

소통은 없고 각자의 이야기들로 혼탁해지고 있는 세상이다. 타인의 소통 부재를 비판하고 있거나 비판한 적이 있다면 원인이 나에게 있는 것은 아닌지 조용히 성찰의 시간을 가져보면 어떨까?
- 경기 청림중학교 이건국

#학부모 혹은 동료 교사와 의견이 다를 때
『반이나 차 있을까 반밖에 없을까?』
이보나 흐미엘레프스카 지음, 논장

학교 구성원들이 같은 상황을 다르게 바라보며 서로의 입장을 굽히지 않아 갈등이 생겼을 때, 마주한 상황과 거리를 두고 조금은 차분한 마음으로 상대방의 입장을 헤아려보는 여유를 주었던 책이다.
- 경기 옥터초등학교 함주희

#아이 때문에 교실이 엉망이 됐다고 느낄 때

『민들레 사자 댄디라이언』

리지 핀레이 지음, 책속물고기

모든 것이 반듯반듯한 가드너 선생님 반에 전학 온 댄디라이언은 물통을 엎지르고, 뒤쫓기 괴물놀이를 하고, 학급의 모든 아이들에게 콧수염을 그려 준다. 가드너 선생님 반의 색깔을 되찾아 주는 댄디 라이언을 보며 우리 학급 아이들의 다름과 실수를 개성과 성장으로 포용하는 마음을 갖게 되었다.

— 경기 배곧해솔초등학교 송윤정

#지치면 쉬었다 해도 괜찮아

『모두가 일등인 야옹이 올림픽』

마스다 미리 글, 히라사와 잇페이 그림, 뜨인돌어린이

일등과 꼴찌가 있는 학교에서 우리는 모두 평가에서 자유로울 수 없다. 아이들에 대한 무한 책임과 완벽해야 한다는 부담으로 지쳤을 때, 너무나 마음의 위안이 되어 주었던 책. 나도 아이들도 지치면 쉬었다 가도 괜찮고, 길을 잃고 헤매도 되는 거였다. 틀린 길은 없고 우리는 모두 일등이니까.

— 경기 곡반중학교 유진주

#느린 아이를 답답하게 생각할 때

『나는 강물처럼 말해요』

조던 스콧 글, 시드니 스미스 그림, 책읽는곰

아이들은 저마다의 속도로 자라고 있음을, 있는 모습 그대로 받아들이는 것이 가장 중요함을 내 아이를 키우면서 깨달았다. 사소한 발표도 큰 도전이었을 아이에게 "괜찮아, 별것 아니야."라며 두려움의 크기를 자의적으로 판단했던 나를 반성한다.

— 서울난우초등학교 황보배

#상처받는 게 두려울 때

『마음이 아플까봐』

올리버 제퍼스 지음, 아름다운사람들

사람들에게 받은 상처로 힘이 들 때 마음을 꽁꽁 닫아 버리곤 한다. 마음을 닫으면 더 이상 상처받는 일은 없을 테니까. 하지만 마음을 닫는 순간 설렘도 새로운 관계도 시작되지 않는다. 이 책의 주인공 소녀를 보면서 다시 마음을 여는 용기를 내본다.

— 경기 수리중학교 이방림

교사를 위로하는 한 권의 그림책

1판 1쇄 발행 2021년 3월 10일
1판 4쇄 발행 2022년 9월 16일

지은이 그림책사랑교사모임
펴낸이 한기호
책임편집 오선이
편집 여문주·박혜리
본부장 연용호
마케팅 하미영
경영지원 김윤아
디자인 책은우주다
인쇄 예림인쇄

펴낸곳 (주)학교도서관저널
출판등록 제2009-000231호(2009년 10월 15일)
주소 서울시 마포구 동교로12안길 14(서교동) 3층
전화 02-322-9677
팩스 02-6918-0818
전자우편 slj9677@gmail.com
홈페이지 www.slj.co.kr

ISBN 978-89-6915-097-4 03300

• 책값은 뒤표지에 있습니다.